UMA GLORIOSA LIBERDADE

UMA GLORIOSA LIBERDADE

MULHERES MADURAS, VIDAS EXTRAORDINÁRIAS

LISA CONGDON

TRADUÇÃO DE ANGELA TESHEINER

A todas aquelas que desabrocharam tarde.

Título original: *A Glorious Freedom - Older women leading extraordinary lives*
Copyright © 2017 by Lisa Congdon
All rights reserved. No part of this book may be reproduced in any form without written permission from the publisher. First published in English by Chronicle Books LLC, San Francisco, California.
© 2020 VR Editora S.A.

DIREÇÃO EDITORIAL Marco Garcia
COORDENAÇÃO EDITORIAL Camile Mendrot | Ab Aeterno
EDITORA DE TEXTO Ana Paula Uchoa | Ab Aeterno
PREPARAÇÃO Denise Pasito Saú | Ab Aeterno
REVISÃO Tatiane Ivo | Ab Aeterno
DIAGRAMAÇÃO Domitila Carolino | Olé Estúdio

Dados Internacionais de Catalogação na Publicação (CIP)
(Câmara Brasileira do Livro, SP, Brasil)

Congdon, Lisa
Uma gloriosa liberdade / Lisa Congdon; tradução Ab Aeterno. - 1. ed. – São Paulo: VR Editora, 2020.

Título original: A glorious freedom: older women leading extraordinary lives.
ISBN 978-85-507-0318-3

1. Autorrealização (Psicologia) em mulheres
2. Envelhecimento - Aspectos psicológicos
3. Mulheres - Biografia I. Título.

20-32401   CDD-305.4

Índices para catálogo sistemático:
1. Mulheres: Condições sociais: Psicologia social: Sociologia 305.4
Iolanda Rodrigues Biode – Bibliotecária – CRB-8/10014

Todos os direitos desta edição reservados à
VR EDITORA S.A.
Rua Cel. Lisboa, 989 | Vila Mariana
CEP 04020-041 | São Paulo | SP
Tel.| Fax: (+55 11) 4612-2866
vreditoras.com.br | editoras@vreditoras.com.br

SUA OPINIÃO É MUITO IMPORTANTE

Mande um e-mail para **opiniao@vreditoras.com.br** com o título deste livro no campo "Assunto".

1ª edição, fev. 2020
PAPEL Offset 150g
IMPRESSÃO Eskenazi
LOTE EK228299

SUMÁRIO

INTRODUÇÃO
de Lisa Congdon

7

"A onda", um ensaio de Caroline Paul 11

Perfil de Beatrice Wood 15

Entrevista com Jennifer Hayden 16

Perfil de Vera Wang 23

Entrevista com Christy Turlington Burns 24

Perfil de Louise Bourgeois 29

"Porque o amor me deixou de lado", um ensaio de Jennifer Maerz 31

Entrevista com Emily Kimball 35

Perfil de Sensei Keiko Fukuda 41

"Rugindo contra andar na ponta dos pés", um ensaio de Heather Armstrong 43

Entrevista com Stephanie Young 48

Perfil de Laura Ingalls Wilder 53

"A liberdade inesperada e revigorante de ser solteira aos 41 anos", um ensaio de Glynnis MacNicol 54

Perfil de Minnie Pwerle 59

Entrevista com Paola Gianturco 62

Perfil de Julia Child 69

"Raízes verdadeiras", um ensaio de Ronnie Citron-Fink 71

Perfil de Mary Delany 77

Entrevista com Cheryl Strayed 78

Perfil da Irmã Madonna Buder 83

Entrevista com Zoe Ghahremani 84

"Menina, você não sabe de nada", um ensaio de Tara Rodden Robinson 90

Perfil de Carmen Herrera 95

Entrevista com Fay Westenhofer 96

Perfil de Helen Gurley Brown 101

Entrevista com Della Wells 102

Perfil de Angela Morley 109

"Quando eles chegaram", um ensaio de Shauna James Ahern 110

Perfil de Eva Zeisel 115

Entrevista com Ilona Royce Smithkin 116

Perfil de Anna Arnold Hedgeman 121

Entrevista com Debbie Millman 122

Perfil de Vovó Moses 131

Entrevista com Dara Torres 132

Perfil de Katherine Johnson 137

"Você está comigo?", um ensaio de Chrissy Loader 138

Perfil de Marguerite Duras 143

Entrevista com Betty Reid Soskin 144

Agradecimentos
150

Bibliografia
150

Créditos
152

INTRODUÇÃO
de
Lisa Congdon

"A idade me deu aquilo por que procurei pela vida inteira — me deu eu mesma. Deu-me tempo e experiência e fracassos e vitórias e amigos duradouros que me ajudaram a assumir a forma que me aguardava. Eu, agora, encaixo-me dentro de mim. Tenho, afinal, uma vida orgânica, não necessariamente aquela que as pessoas imaginavam para mim ou que tentaram fazer com que eu tivesse. Tenho a vida que eu desejava. Tornei-me a mulher que eu mal me atrevia a imaginar que viria a ser."

–Anne Lamott

O livro que você tem em mãos é um livro sobre mulheres. É um livro sobre mulheres acima dos 40 anos que estão prosperando.

Você talvez se pergunte: "Por que criar este livro? Por que as vidas de mulheres maduras merecem ser celebradas?"

O meu próprio caminho de vida foi o que aguçou o meu interesse pelo tema. Descrevo a mim mesma como alguém que desabrochou tarde. No ano em que este livro foi publicado pela primeira vez, eu tinha 49 anos. Por profissão, sou artista, ilustradora e autora. Não comecei a desenhar ou pintar antes dos 31 anos de idade. Só iniciei a minha carreira de ilustradora aos 40. Só passei a escrever com regularidade aos 42. Só publiquei o meu primeiro livro aos 44. Só me casei aos 45. Acabei de publicar o meu oitavo livro.

A cada ano que passa, eu me torno mais forte, corajosa e livre. Envelhecer tem sido, para mim, um processo imensamente gratificante e libertador. Sou mais gentil com os outros do que jamais fui e também me importo menos com o que os outros pensam de mim. Sou mais determinada e trabalhadora do que era quando jovem, mas também valorizo muito mais o prazer que a minha ética profissional acrescenta à minha vida. Sinto-me, ao mesmo tempo, mais segura e mais vulnerável. Depois de anos vivendo com inseguranças e apreensões intensas, a sabedoria da idade me ensinou a importância da coragem e que o meu próprio caminho único é bem isso — o meu caminho único. Envelhecer, como Anne Lamott descreveu de forma tão eloquente, levou-me a mim mesma.

Num esforço para expressar os meus sentimentos sobre esse assunto, escrevi um curto ensaio sobre o envelhecimento em 2014 e o publiquei no meu blog. Em pouco tempo, esse ensaio foi compartilhado com milhares de pessoas pela internet, tanto por meio do meu blog quanto pelas redes sociais. Embora eu tenha uma audiência expressiva nas redes sociais e um público devotado de leitores do blog, não sou uma celebridade nem uma blogueira em tempo integral, de forma que a atenção que esse ensaio acumulou foi fenomenal. Compreendi que, se o tema "envelhecimento e prosperidade" reverberava com tanta força entre tantas mulheres, eu precisava explorá-lo mais a fundo.

E foi aí, é claro, que a semente deste livro brotou. Há muito tempo, eu admirava algumas mulheres bem conhecidas que desabrocharam tarde e as via como inspiração desde os meus trinta e tantos anos. Eu já tinha ideias sobre quais mulheres eu queria incluir neste livro. No entanto, também empreguei o poder das redes sociais para coletar ainda mais nomes e contatos. Comecei o processo de criar esta obra fazendo aos seguidores de meus canais e aos leitores do meu blog um pedido simples: ajudem-me a encontrar as mulheres que vocês conhecem ou admiram e que exemplificam o envelhecimento ousado e destemido — artistas, escritoras, atletas, cientistas, ativistas, pensadoras, estilistas e feministas, com mais de 40 anos de idade, que incorporam os aspectos positivos do envelhecimento: a sabedoria, a resiliência emocional, a ética no trabalho e no lazer, o discernimento e o senso de humor que vêm com a idade. Pedi aos meus seguidores para me ajudarem a identificar mulheres que houvessem desabrochado tarde, mulheres que atingiram o ápice de suas carreiras mais tarde na vida ou que realizaram uma mudança ousada para viver de formas interessantes depois dos 40 anos.

A resposta foi impressionante. Recebi e-mails de inúmeros homens e mulheres de todo o mundo com todo tipo de mensagens: longas listas de mulheres que eu deveria entrevistar ou sobre as quais eu deveria escrever, além de ensaios escritos por mulheres sobre o processo de envelhecimento, o relacionamento delas com isso, as batalhas, as vitórias. A resposta ao meu chamado foi, na verdade, tão incrível que me senti literalmente desafiada pelo potencial do livro. Meu contrato com a minha editora, Chronicle Books, era para fazer um livro de 155 páginas, e eu tinha certeza absoluta de ter material suficiente para criar um livro cinco vezes maior!

Eu me propus a selecionar o melhor de tudo que recebi — pesquisar e escrever sobre as mulheres que admiro, contatar heroínas da vida real para entrevistas e analisar os inúmeros ensaios para o livro, a fim de encaixá-los no formato que você tem em suas mãos.

Ao longo da história e em diversas culturas, foi dito às mulheres que se calassem, que permanecessem imóveis, que se contivessem, que não brilhassem. Além disso, as mulheres, por tradição, veem a sua habilidade de agradar aos outros — em detrimento dos seus próprios sonhos e desejos — como uma das suas maiores forças. Por incontáveis gerações, tem sido dito às mulheres que, uma vez que cheguem à meia-idade, a oportunidade de sucesso passou.

E, assim, a resiliência e a coragem demonstradas pelas mulheres e, em especial, pela população cada vez maior de mulheres maduras para desafiar e redefinir essas noções é um dos aspectos mais excitantes a se observarem no mundo de hoje. Vivemos numa época em que cada vez mais mulheres começam a viver em voz alta, a seguir os seus próprios desejos e sonhos, a ser quem são, a viver de maneira plena, a ter uma segunda vida depois que os filhos saem de casa, ou que os parceiros não estão mais com elas, ou que as suas carreiras pregressas não têm mais significado.

Este livro descreve muitas mulheres que abriram o caminho para nós — mulheres como Katherine Johnson, Louise Bourgeois, Julia Child e outras que, muito antes da atualidade, desafiaram noções do que significava ser uma mulher "passada". Muitas dessas mulheres descobriram paixões e talentos ocultos bem mais tarde na vida ou atingiram o período mais excitante e frutífero das suas carreiras quando já maduras. Elas são, sem dúvida, exemplos para que reimaginemos as nossas vidas. O livro também conta histórias de mulheres extraordinárias de hoje, que estão reinventando o que significa ser uma mulher madura — mulheres que estão superando barreiras, completando com sucesso proezas atléticas e realizando o seu melhor trabalho aos 60, 70 e 80 anos de idade.

Quando pedi sugestões para o livro, recebi alguns e-mails e comentários pela internet de mulheres maduras, para quem envelhecer, na verdade, *não foi prazeroso ou interessante* — o início dos problemas de saúde não foi nada divertido, e a morte de entes queridos era uma parte habitual da vida delas. Essas perspectivas são reais. E, portanto, meu intuito aqui não é retratar o envelhecimento feminino seguindo as diretrizes de Pollyanna. Fatores como mudanças corporais, alterações no cérebro e a experiência de perder pessoas amadas são elementos bem reais (e muitas vezes bem dolorosos) do envelhecimento, e ninguém consegue fugir deles. Entretanto, espero que o que enxerguemos dentro das histórias deste livro seja o imenso potencial de coragem, perspectiva, crescimento espiritual e humanidade que, por vezes, se desenvolve com essas batalhas.

A minha meta aqui é fornecer às mulheres que estão envelhecendo (ou que temem envelhecer) a esperança de que, embora a probabilidade de efeitos colaterais desagradáveis cresça ainda mais, também cresce a nossa capacidade para o amor, a compaixão, atos de bravura, para a vulnerabilidade e a criatividade.

Então, aqui vou eu — *aqui vamos todas* — me aproximando dos meus 50, 60, 70, 80, 90 anos, os cabelos grisalhos, as rugas aumentando, as experiências se acumulando, as perspectivas se ampliando, a alegria transbordando.

Não importa sua idade ou sexo, desde que encontre inspiração neste livro para viver com bravura e plenitude e para empregar a sua experiência como a ferramenta mais poderosa ao viver a sua melhor vida.

A ONDA
de
Caroline Paul

Certo dia, decidi que queria ser boa no surfe. Eu tinha 49 anos.

É provável que essa não fosse a melhor maneira de empregar o meu tempo, energia e ego. No entanto, que diabos. Eu adorava ser jogada de um lado a outro pelas ondas. Adorava os golfinhos que passavam com frequência. Adorava os pelicanos, que mergulhavam em direção à onda para apanhar suas presas, milímetros acima da água, graciosos e tranquilos. Seria pena ou desinteresse aquele olhar rápido que me davam ao passar, enquanto eu tentava me levantar numa guinada?

E eu adorava mesmo surfar, aqueles poucos segundos em que eu conseguia me equilibrar em pé e sentia a prancha deslizar para a frente.

Alguns fatores em que a minha idade avançada não ajudava iam contra mim: joelhos enrijecidos depois de quase dez cirurgias realizadas quando eu ainda era jovem e um tornozelo que não se movia bem por causa de um acidente. Eu temia esses fatores também, tinha medo de que, quando eu chegasse aos 50 anos, eu estivesse mancando e capenga, como alguém com 80.

Assim, comprometer-me a me tornar melhor no surfe não foi apenas um capricho. Foi um grito de guerra contra o meu corpo ferido. Depois de cada cirurgia, eu havia enfrentado uma prévia da vida quando velha: os cateteres, os movimentos lentos, o gemido que escapava quando eu me ajustava no banco da frente do carro. Era mais do que as limitações físicas, porém. Era a sensação de fragilidade, como se o menor movimento pudesse me derrubar e me estilhaçar num milhão de pedaços.

Por outro lado, não há nada mais intenso do que surfar em ondas que se erguem acima da sua cabeça, com as águas a 11 graus centígrados. Eu nem precisava pegar uma onda; eu só tinha de estar lá.

O plano era: quatro dias por mês, eu me deslocaria para uma casa próxima a um ponto isolado de surfe no norte da Califórnia. Eu deixaria para trás a minha parceira, Wendy, o meu celular e o meu orgulho. Levaria o meu trabalho, o meu cão e a minha disposição de ser surrada pelas ondas.

Havia regras: chegar à praia já trajando minha roupa de mergulho; entrar no mar remando; permanecer na água por pelo menos meia hora.

O primeiro mandamento era o mais estranho para a maioria dos surfistas, mas percebi que a parte mais difícil do esporte era, na verdade, entrar na água, de forma que qualquer impedimento, em especial o combate corpo a corpo com a roupa de mergulho quando seminua no frio da manhã, precisava ser superado. Desse modo, eu vestia a roupa de mergulho em casa, na garagem, e depois ia de carro até a praia. Essa foi uma ideia ótima, até o dia em que me deparei com um acidente na autoestrada. Caminhei pelas faixas centrais parecendo o Batman. Espiei dentro dos carros despedaçados para oferecer ajuda, mas, na maioria das vezes, apenas assustei os ocupantes.

De fato, entrei remando quase todas as vezes. Em apenas algumas ocasiões eu me arrastei de volta para o carro, os cabelos secos, intocados pelo sal. Certa vez, o mar não tinha ondas. Em outra, encontrei três canoístas puxando seus caiaques de volta para a praia. Um grande tubarão branco havia atacado um dos barcos. Com olhos arregalados e o rosto pálido, eles falavam todos ao mesmo tempo. Ouvi a história. Espantei-me com as marcas de dentes no plástico. Então, num gesto que a maioria daqueles que não surfam não entenderia, prossegui para o local mesmo assim. Observei as ondas por algum tempo. Não eram muito boas. Decidi não entrar. Não valeria a pena.

"Que ondas teriam valido a pena?", perguntou Wendy mais tarde, horrorizada.

Quando eu não estava surfando, estava me exercitando. Comecei a fazer ioga. Concebi uma estranha rotina de saltos na academia. Assisti a vídeos sobre surfe. Completei 50 anos.

Eis o que acontece com as mulheres que envelhecem: nós nos tornamos invisíveis. O barman da cafeteria olha através de você ao lhe entregar o seu pedido. O adolescente de skate quase a atropela e nem vira a cabeça na sua direção. Seja gay ou heterossexual, você não recebe nenhuma resposta ao utilizar os seus métodos infalíveis de flerte; o movimento de cabeça e o leve sorriso não obtêm resultados; o olhar penetrante dá arrepios; o risinho soa como sintoma de uma medicação mal ajustada.

As idades variam, mas aconteceu comigo por essa época. Lembro-me do momento. O caixa da loja não me olhou nos olhos nenhuma vez, nem mesmo parecia compreender que um ser humano estava ali. Perguntou ao canto do balcão se ele havia trazido a sua própria sacola. Perguntou à estante cheia de doces se ela queria um recibo. Enfim entendi do que a minha mãe havia me falado.

A princípio, me senti aturdida. Eu era agora oficialmente desvalorizada pela sociedade.

Porém, aqui há um detalhe. A invisibilidade é um superpoder. Em especial se você for surfista.

Assim, quando as pessoas se juntavam a mim na praia, elas não prestavam muita atenção. Se prestassem, em geral, sentiam pena de mim. Deixavam-me pegar ondas que eram delas por direito. Eu surgia e desaparecia da consciência delas, dependendo de quão perturbadoras eram as condições. Fui abandonada à minha própria curva de aprendizado. Sofria as minhas pequenas humilhações em paz. Isso significava que eu era jogada da prancha com frequência. Significava que eu, muitas vezes, via-me "presa na onda". As ondas que se aproximavam despencavam sobre mim como pianos gigantes de um desenho animado das manhãs de sábado. Depois de uma sessão desse tipo, eu me arrastei para a praia cuspindo água salgada, vendo-a escorrer do meu nariz, enxugando os meus olhos, e um surfista veio até mim. Ele tinha as sobrancelhas erguidas e a boca curvada num meio sorriso. Havia me observado, disse ele, e não conseguia acreditar que eu não havia simplesmente desistido, mas, em vez disso, continuado a remar para ir além da arrebentação (e conseguido, por fim). Eu respondi: "É, sou muito ruim nesse esporte", e lhe dei um sorriso encabulado. Para onde havia ido o meu escudo de invisibilidade? Então percebi: daquela distância, ele havia imaginado que eu fosse um homem.

"Bem, eu não teria continuado a tentar", disse ele. Havia admiração em sua voz.

Eu me tornei uma surfista melhor. Não boa, entenda, mas melhor. Saboreei cada pequeno avanço. Pois estes são os dons do envelhecimento: ter pouco a provar e ser invisível (na maior parte do tempo).

Uma liberdade gloriosa.

Desse modo, ninguém além de mim percebeu: no mês passado, consegui subir na prancha mais rápido. Neste mês, ficar mais tempo na onda. No mês que vem, uma curva, talvez? Uma saída graciosa da onda? Não importa. Só importa que eu estava lá, com uma vaga missão me guiando adiante, e esses erros intermináveis, esses breves momentos de triunfo, que não são vistos pela maioria, eram celebrados por mim.

Caroline Paul é a autora de *Fighting Fire* ("Lutando contra o fogo"), uma autobiografia sobre a sua vida como bombeira em São Francisco, na Califórnia; do romance histórico *East Wind, Rain* ("Vento do leste, chuva"), baseado em acontecimentos reais durante a Segunda Guerra Mundial; da autobiografia ilustrada *Lost Cat: A True Story of Love, Desperation, and GPS Technology* ("Gato perdido: uma história verdadeira de amor, desespero e tecnologia GPS"), considerada uma das melhores biografias de 2013 pelo blog *Brain Pickings*; e de *The Gutsy Girl: Escapades for Your Life of Epic Adventure* ("A menina intrépida: peripécias para a sua vida de aventuras épicas"), um best-seller, segundo o *The New York Times*, que tem como objetivo inspirar e encorajar a bravura em meninas.

Beatrice Wood viveu uma vibrante vida boêmia imersa no movimento de arte *avant-garde* antes de descobrir a sua paixão pela cerâmica, produzindo a maior parte da sua obra nos últimos 25 anos da sua longa vida.

Nascida em São Francisco, na Califórnia, em 1893, Beatrice teve uma infância rica em arte, viagens e cultura, mas era rebelde e inquieta desde pequena. Rejeitando os planos da mãe de debutar na sociedade, Beatrice partiu para a Europa para estudar pintura e artes cênicas. Seus pais insistiram para que ela retornasse aos Estados Unidos no início da Primeira Guerra Mundial, e ela imergiu na cultura boêmia de Nova York. Conheceu o escritor Henri-Pierre Roché e o artista Marcel Duchamp, e os três criaram a revista de arte dadaísta *The Blind Man*. Beatrice se tornou conhecida como a "Mamãe do dadaísmo", graças à sua associação e apoio aos artistas *avant-garde*. Na década de 1920, ela se interessou pelo movimento teosófico e começou a seguir o sábio indiano Krishnamurti, acompanhando-o até a Califórnia.

Morando no sul da Califórnia na década de 1930, Beatrice se sentia frustrada por não conseguir encontrar um bule que combinasse com um conjunto de cerâmica que ela havia trazido da Holanda, por isso matriculou-se num curso de cerâmica para fazer o seu próprio. Acreditando, a princípio, que não tinha habilidades manuais, ela perseverou e se apaixonou pela arte. Já com bem mais de 40 anos, estudou técnicas de cerâmica e desenvolveu o seu próprio estilo livre e expressivo, criando tanto jarros tradicionais quanto esculturas figurativas primitivas. Abriu um ateliê em Ojai, na Califórnia, perto do seu professor espiritual Krishnamurti, e continuou a aprimorar sua técnica e o estilo singular de esmaltagem. Em pouco tempo, passou a atrair a atenção de galerias e colecionadores.

Continuou a pensar e a trabalhar de maneiras diferentes, criando algumas das suas obras esculturais mais complexas e escrevendo sua autobiografia, *I Shock Myself* ("Eu espanto a mim mesma"), quando já passava dos 90 anos. Trabalhou diariamente até morrer, aos 105 anos, em 1998.

Jennifer Hayden descobriu as *graphic novels* aos 43 anos de idade, mais ou menos na mesma época em que recebeu o diagnóstico de câncer de mama. Depois de duas décadas escrevendo ficção e ilustrando livros infantis, Jennifer decidiu que queria fazer quadrinhos. O seu primeiro livro, a coleção autobiográfica *Underwire* ("Sutiã com aro"), foi publicado em 2011 e, mais tarde, teve algumas de suas páginas incluídas em *The Best American Comics 2013*. Em 2015, Jennifer publicou a sua primeira *graphic novel* — 352 páginas sobre a sua vida e experiência com o câncer de mama. Apropriadamente intitulado de *The Story of My Tits* ("A história dos meus seios"), o livro foi indicado como uma das melhores *graphic novels* do ano pelo *The New York Times*, pela rede NPR, pela revista *Forbes* e pelo *Library Journal*, entre muitos outros. Os quadrinhos de Jennifer, cheios de coragem e humor, têm recebido destaque em publicações como *The ACT-I-VATE Primer*, *Cousin Corinne's Reminder* e *The Strumpet*. Aos 57 anos, suas últimas publicações incluem um diário gráfico que conta suas provações e sucessos dos últimos anos e uma nova *graphic novel* de ficção.

Lisa: Conte-nos sobre o início da sua jornada criativa.

Jennifer: Desde o início, eu desenhava e escrevia. Eram sempre essas duas atividades, e nunca me perguntei, até sair da faculdade, qual delas eu faria. Na faculdade, estudei História da Arte como minha especialização principal, mas, por conta própria, estudei inglês. Eu me saturei com livros porque queria ser escritora e, se eu fizesse arte, só escreveria sobre isso. Essa foi sempre uma guerra dentro de mim enquanto eu aprendia as duas formas de arte. Então me formei e tentei me tornar uma grande romancista norte-americana, mas eu era péssima. Escrevi três romances longos e bem ruins — até ganhei um subsídio pelo primeiro capítulo de um deles, mas aquele livro nunca deu certo. Assim, depois que tive filhos, eu era uma romancista frustrada e tinha vontade de desenhar de novo. Comecei a ilustrar qualquer coisa em que eu conseguisse pôr as mãos, e isso se transformou em ilustrar livros infantis. O problema era que essa comunidade era bem pudica, e o meu linguajar é chulo como o de um marinheiro. Era como Mae West frequentando a escola dominical. E eu estava ilustrando um livro infantil quando recebi o diagnóstico de câncer de mama.

Lisa: E isso se tornou o início de um novo capítulo para você?

Jennifer: Eu tinha 43 anos. O mundo desabou sobre mim e eu descobri os quadrinhos. Leio quadrinhos desde que era menina — mas então descobri as *graphic novels*, que haviam amadurecido muito e se tornado interessantes. Acredite se quiser, foi um artigo do *The New York Times* que chamou a minha atenção para eles. Primeiro, eu li todos os livros das mulheres mencionadas no artigo, em seguida expandi a minha leitura e não consegui parar de ler. Pensei: "Era isso o que eu deveria estar fazendo. Isso é desenhar e escrever". Eu sabia que queria contar a minha história com o câncer de mama a outras mulheres que estivessem passando ou que tivessem passado pela mesma situação. No decorrer do processo, percebi que o que eu queria mesmo era ampliar aquilo para uma autobiografia completa, da qual a história da sobrevivente do câncer de mama seria uma parte. E eu me dei um ano para ler todas as melhores *graphic novels* que eu encontrasse — se eu não gostava de uma, eu a jogava pela janela. Então me obriguei a me sentar e a começar, sem saber onde aquilo iria dar ou como eu o faria.

Lisa: Como foi o seu processo?

Jennifer: Fiz a única coisa que me ocorreu: baseei o meu formato no de Lynda Barry (e recentemente tive a oportunidade de admitir a ela que fiz isso, e ela me abraçou e disse: "É claro que fez isso! Não há direitos autorais sobre essa merda! Vá em frente!", e isso fez com que eu me sentisse melhor), pois eu tinha acabado de decidir que não importava qual fosse o formato. Só importava começar e saber o que queria dizer. Uma vez que se tenha o formato, é só espremer o conteúdo lá, como pasta de dente. Assim, escolhi o formato e decidi de que tamanho eu queria que as minhas caixinhas fossem. Eu não ia bagunçar o *layout* da página, já que era iniciante. Fiz um quadradinho de papelão do tamanho que eu queria, o recortei e o utilizei como modelo. Em vez de página por página, que é como a maioria dos artistas faz, desenhei painel por painel, porque repetir personagens é difícil para mim. E eu juntava as páginas no Photoshop depois de digitalizar os painéis individuais. O estranho é que escrever era a parte mais difícil para mim, apesar de eu já ter escrito tanto. Eu tinha medo de cair nos mesmos maus hábitos que havia adquirido quando tentei escrever romances: eu era muito insegura, desajeitada, nunca soava como eu mesma. Mas não aconteceu dessa vez. Eu me senti aliviada. No entanto, eu sempre mantinha um caderno perto de mim e decidia qual narrativa seria colocada no painel, primeiro escrevendo e reescrevendo, até que soasse bem no caderno, e depois eu escrevia à caneta no painel.

Lisa: Do início ao fim, quanto tempo levou para completar *The Story of My Tits*?

Jennifer: Bem, trabalhei em muitas outras coisas no mesmo período, mas levou oito anos. Terminei quando tinha 52 anos.

Lisa: Você tinha uma editora quando começou ou isso aconteceu mais tarde?

Jennifer: Mais tarde. Você precisa entender que sou uma pessoa muito pouco prática. Quando eu vivia com o câncer de mama, várias coisas foram meio que arrancadas de mim, e uma delas foi que eu desisti de continuar trabalhando e recebendo como ilustradora. Compreendi que eu não sabia quanto tempo me restava — e, por causa disso, eu não ia simplesmente ficar de brincadeira. Não ia fazer nada que não fosse totalmente meu e do coração, e isso se estendeu às palavras, às gravuras, ao número de páginas, ao que eu incluí na história e ao fato de que eu poderia ter de publicá-la eu mesma ou que, talvez, jamais fosse publicada. Porém, era o meu documento e eu o faria do meu jeito. E foi assim que eu escolhi a minha editora, na verdade, e como ela me escolheu.

A minha editora, Top Shelf, é famosa por publicar livros bem emotivos, sinceros e maravilhosos, e parte do motivo disso é que eles dão aos artistas bastante espaço e os deixam fazer o que quiserem. Eles me rejeitaram umas quatro ou cinco vezes. Comecei a ir a convenções — esses editores vão às convenções, e você pode conversar com eles. Fui falar com esse cara e disse: "Sabe, tenho dois filhos, ainda faço ilustrações para livros infantis, e está meio devagar, mas veja só o que eu quero fazer". E ele me respondeu: "Ah, parece ótimo! Continue a enviar, vamos ver o que acontece". Por fim, quando já tinha noventa páginas, ele me disse: "É, vamos assinar o contrato. Queremos isso". No entanto, depois disso, não mostrei nada para ninguém pelos próximos cinco anos. Fiz tudo sozinha, e ele não me pediu nada.

Lisa: Creio que é assim que cada vez mais pessoas — em especial os autodidatas que não estão ainda conectados com uma indústria — começam. São apenas bem perseverantes ao trabalhar em algo por que têm sentimentos intensos.

Jennifer: E é irônico que eu tenha ganhado mais dinheiro com esse livro do que com qualquer outro projeto que eu tenha feito, mas eu tinha a sensação de que era necessário arrancar o coração do peito, colocá-lo numa bandeja e servi-lo às pessoas para chegar a algum lugar nessa vida. Estou feliz que isso seja verdade, só que é um árduo trabalho interior. Porém, se você imagina que é possível cortar caminho, não é. E felizmente me aconteceu algo que me cortou o peito de verdade, por isso foi, de certa forma, fácil.

Lisa: Quando publicou essa *graphic novel*, você tinha mais de 50 anos e estava só começando — esse foi o seu primeiro livro. Quadrinhos e *graphic novels* são um gênero bastante dominado pelos homens, embora haja muitas mulheres fantásticas que conquistaram a notoriedade nos últimos dez anos. Você enfrentou alguma adversidade por causa da sua idade ou sexo, e, se enfrentou, como lidou com isso?

Jennifer: Em exposições, com certeza me dão um olhar de "Você está aqui com o seu filho? Quero dizer, o que você está fazendo aqui? Você é a mãe de alguém?" Esse foi o meu único problema. E creio que as mulheres na indústria mais lucrativa de quadrinhos de super-heróis enfrentam muito mais problemas com os homens. Há comportamentos entranhados que estão finalmente sendo arrancados pela raiz — machismo, discriminação, assédio e outras coisas horríveis que acontecem. Porém, nos quadrinhos independentes, não tenho visto isso. Há muitas mulheres bem talentosas nos quadrinhos independentes, e elas têm feito um grande trabalho. E os homens não ficam por aí dizendo que as mulheres não sabem como fazer isso.

Por isso, quando entrei nesse mundo, tornei-me parte do ACT-I-VATE, um ateliê de quadrinhos com sede no Brooklyn. Costumávamos sair e realizar atividades, como ir à New York Comic Con e a algumas outras convenções. Eu estava tão feliz com esse ambiente — era tão exuberante e acolhedor, e eu não ouvia mesmo nenhuma besteira dos homens, a não ser dos jovens que não conseguiam entender o que aquela velhota estava fazendo à mesa.

Eu entrava nesses painéis sempre morrendo de vontade de explicar: "Vocês, meninos, ainda precisam vivenciar o material sobre o qual querem escrever, e eu o vivenciei. Vocês todos o terão vivenciado quando chegarem à minha idade, e aí vocês vão ver". Sempre penso nisso como se eu estivesse em uma caverna lá no oeste, e as paredes dessas cavernas que os rios escavaram são tão impressionantes, com todas as listras de todo tipo de rochas, e quanto mais velho você se torna, mais fundo você está nessa caverna, e a sua vida deixou marcas mais intensas nessa rocha. Você olha para esses padrões e pensa: "Uau, veja só isso, posso ver o que eu estava fazendo ali, que loucura, ah, você quis fazer isso a vida toda", e dá muita satisfação estar ali vendo aquilo.

Eu me sentia tão frustrada aos vinte e poucos anos, quando quis escrever um grande livro e não tinha nada a dizer, nada mesmo! E eu simplesmente não havia vivido ainda, não havia me aberto e não havia sido devassada na essência pela vida e sido escancarada. Quando me sinto ameaçada porque tenho rugas e alguns cabelos grisalhos, e por estar meio fora de forma em comparação com essas *hipsters* magrelas, eu apenas penso comigo mesma: "Só importa o que está no papel. Não se preocupe com isso. Preocupe-se com o seu projeto, finalize-o, mostre-o aos outros e veja o que acontece". E isso me mantém seguindo adiante.

Lisa: Então está claro que você acredita que o seu trabalho tem algo hoje que não teria se você tivesse começado aos vinte ou trinta anos. Por quê?

Jennifer: A minha ênfase sempre foi no quanto da vida é possível colocar no papel. Se você é crítico demais e muito preso à técnica e à tradição da técnica, isso é muito difícil de fazer. Sei que, nos meus vinte anos e início dos trinta, eu oprimi como o diabo essa parte da minha vida que poderia ser escrita. Eu desaprovava muito o meu trabalho naqueles dias, e creio que, se eu tivesse entrado para os quadrinhos na época, eu teria arruinado essa possibilidade para mim do mesmo jeito que arruinei a escrita.

Então eu tive filhos. Essa é uma maneira excelente de se livrar da sua dignidade. E isso nos torna bem democráticos e nos faz perceber que, apesar de nossos fracassos, temos o controle da situação — o que nos dá aquela injeção de confiança e abre um canal para a criatividade.

E, sem dúvida, enfrentar o câncer de mama também ajudou — um entrevistador me perguntou se esse livro teria existido sem o câncer, e eu respondi que não. Aquela experiência transformou o que eu tinha de fazer com

a minha dignidade, com meu autocontrole e com minha escritora interna. Eu apenas lancei tudo ao vento e disse: "Vou fazer isso nua e montada a cavalo". Eu não me importava mais. Essa é uma parte do turbilhão de distrações que ocorrem na meia-idade. Tenho certeza de que a minha ansiedade e meu TDAH (transtorno do déficit de atenção com hiperatividade) diminuíram com o tempo, e, à medida que os fatores que me pressionavam aumentavam — dois filhos, animais de estimação, pais envelhecendo —, esses fatores também, ao me pressionar, forçaram-me a cristalizar o que quer que eu estivesse fazendo e o que eu queria dizer. Não há tempo para escrever o dia inteiro e jogar tudo no lixo, do jeito que eu costumava fazer aos vinte anos.

Lisa: Que conselho você daria às mulheres que estão começando novos desafios na vida, tardiamente?

Jennifer: É engraçado, eu li uma frase na revista *More*, o que é bem embaraçoso, e ela diz que a maioria das mulheres de meia-idade volta à escola em busca de conhecimento, pensando que não sabem o suficiente para, digamos, começar o seu próprio negócio ou escrever um romance ou seja lá o que for. A frase dizia: "não faça isso. Você já sabe o que é, apenas faça." E isso reverberou em mim, pois essa era a minha atitude. Pensei que era só porque eu tive câncer de mama, mas percebi, olhando um pouco à volta, que muitas mulheres dessa idade tinham a mesma atitude que a minha, que era: "Quer saber? Pro diabo com tudo isso. Não vou para uma escola do patriarcado aprender como todos vocês, meninos brancos, fazem as coisas. Vou simplesmente fazer o meu". E uma grande parte do meu livro e da minha experiência com o câncer de mama é esse apego que formei com a imagem da deusa. Eu me sentia, para ser honesta e completamente esquisita sobre isso, como se ela estivesse transmitindo esse livro para mim. Eu tinha muita certeza do que eu estava colocando no papel, pois sentia a aprovação e o encorajamento dela, e isso era bem internalizado e profundo. Acabei de ler o livro *The Dance of the Dissident Daughter* ("A dança da filha dissidente"), de Sue Monk Kidd, sobre como ela descobriu seu sagrado feminino depois de ser criada na igreja batista, que é bem masculina. Fui criada para ser feminista, por isso a minha jornada foi diferente — mas isso é possível independentemente de qual seja a sua busca. Por isso, o meu conselho é apenas ir lá fora, tirar as calcinhas, correr para o oceano e seguir em frente. Você já sabe o que tem, já sabe o que fazer, por isso se apresse, não se demore.

Vera Wang tentou carreira como patinadora artística e passou quinze anos como editora da revista *Vogue*, antes que, aos 40 anos de idade, o seu próprio vestido de casamento a projetasse para o mundo da moda e que o seu nome se tornasse sinônimo de elegância matrimonial.

Vera nasceu em Nova York em 1949, numa família de imigrantes abastados de Xangai. Quando menina, apaixonou-se pela patinação artística e dedicou muito da infância e adolescência à prática árdua e às competições frequentes. Aos 19 anos, competiu por uma vaga nas Olimpíadas de Inverno de 1968, mas não conseguiu entrar no time. Depois de se formar na faculdade, Vera transferiu seu foco e sua dedicação da patinação artística para a moda, e foi contratada como assistente pela revista *Vogue*. Em pouco tempo, impressionou a equipe e subiu na carreira até se tornar uma das editoras de moda mais jovens da revista. Em 1987, depois de 15 anos na *Vogue*, Vera foi preterida na posição de editora-chefe (a posição foi ocupada por sua amiga Anna Wintour), deixando a publicação para se juntar à equipe de estilistas de Ralph Lauren.

Alguns anos mais tarde, ao planejar seu casamento, Vera se frustrou com a seleção de vestidos de noiva disponíveis. Reconhecendo a necessidade de vestidos sofisticados, abriu a sua primeira butique de noivas em 1990, aos 40 anos, e começou a aprimorar as suas habilidades como estilista. Ela revisitou a sua primeira paixão ao desenhar trajes de patinação para Nancy Kerrigan nas Olimpíadas de 1994, com uma silhueta suave que capturou a atenção dos norte-americanos. Suas criações elegantes e modernas logo se tornaram padrão não apenas de vestidos de noivas, mas do glamour de Hollywood, à medida que ela começava a desenhar vestidos de gala para atrizes e celebridades.

Nos últimos 25 anos, seu império criativo cresceu e passou a incluir a moda *prêt-à-porter*, fragrâncias, joias e até aparelhos de jantar. Vera, agora com mais de 60 anos, continua a dar seu toque característico a tudo isso.

Christy Turlington Burns é mãe, empreendedora social, modelo e fundadora da organização de saúde materna Every Mother Counts ("Cada Mãe Conta" — EMC). Ela é mais conhecida como uma das supermodelos mais famosas da década de 1990, quando apareceu na capa de incontáveis revistas de moda internacionais e foi destaque de campanhas notáveis para marcas como Calvin Klein, Chanel, Marc Jacobs, Versace e Maybelline. Duas décadas mais tarde, aos 41 anos, Christy se tornou uma ativista influente, fundando a Every Mother Counts, uma organização sem fins lucrativos que trabalha de maneira incansável para melhorar o acesso à assistência médica materna nos Estados Unidos e em países em desenvolvimento. Christy produziu, desde então, três documentários sobre a saúde materna, além de se tornar uma ávida corredora de longa distância, completando cinco maratonas. Em 2015, aos 47 anos e com apenas cinco curtos anos como corredora, ela se classificou entre os maratonistas de elite do mundo ao se qualificar para a Maratona de Boston. Christy foi reconhecida como uma das cem pessoas mais influentes segundo a revista *Time* e como mulher do ano pela revista *Glamour*. Em março de 2016, a EMC foi reconhecida pela revista *Fast Company* como uma das dez empresas mais inovadoras na categoria Organizações sem Fins Lucrativos.

Lisa: Você inaugurou a sua organização, Every Mother Counts, aos 41 anos. O que despertou o seu interesse pela saúde materna?

Christy: Tive um parto bem complicado com a minha primeira filha. Nas semanas após o parto, quando eu estava me recuperando e tentando aprender sobre o que havia acontecido, deparei-me com estatísticas assombrosas de mortes de meninas e mulheres por todo o mundo, decorrentes de complicações durante o parto. Também descobri que a complicação que eu havia enfrentado e à qual havia sobrevivido era a principal causa de mortes maternas. Eu não tinha como "desaprender" aquela informação e comecei a pensar de forma produtiva sobre como eu poderia utilizar aquela experiência para ajudar outras mulheres que fossem ser mães.

Tive a sorte de ser convidada por uma grande agência não governamental chamada CARE para viajar à América Central, onde nasceu a minha mãe e onde passei muitos, muitos verões quando criança. Eu estava grávida do meu segundo filho quando fiz essa visita, e foi lá que eu tive um verdadeiro momento de epifania: "Se eu tivesse dado à luz minha filha numa dessas aldeias sem estradas asfaltadas, o que teria acontecido?" E eu tinha certeza de que, em muitas outras partes do mundo, inclusive nos Estados Unidos, eu provavelmente não teria sobrevivido. E isso me deixou abismada. A partir daí, eu sabia que precisava fazer algo, e foi assim que nasceu a Every Mother Counts.

Lisa: Você se tornou uma maratonista aos 40 anos, e há uma conexão profunda entre essa atividade e a sua liderança na Every Mother Counts.

Christy: Essa conexão foi meio acidental. Em 2011, recebemos um telefonema dos organizadores da Maratona de Nova York dizendo que eles tinham dez vagas que queriam dar para a Every Mother Counts e que poderíamos fazer o que quiséssemos com elas. Assim que recebi a chamada, pensei: "Bem, espere um pouco. Isso talvez esteja na lista de desejos que eu quero realizar na vida. Não consigo imaginar ter um time e não estar nele".

Lisa: Li em algum lugar que, antes de correr maratonas, você nunca tinha corrido mais do que cinco ou oito quilômetros. É verdade?

Christy: É verdade, eu corria curtas distâncias quando garota, e adorava. Como adulta, eu corria periodicamente apenas como exercício. Na época em que comecei a viajar por causa da minha carreira, a maioria dos hotéis não tinha academia. Por isso, o melhor a fazer era sair e correr. Mas eu não corria mais do que seis quilômetros, no máximo.

Um ano antes de correr na Maratona de Nova York, um amigo me pediu para participar de uma corrida de cinco quilômetros em Long Island, em prol da causa contra o câncer de pulmão. Meu pai morreu de câncer de pulmão, por isso, quando fui convidada, pensei: "Claro, sem dúvida. É claro que eu vou". E dediquei a corrida a ele. Treinei um pouco, mas não era algo além das minhas capacidades. A corrida foi em agosto de 2010, e o calor era brutal. Foi horrível. Eu tinha ido a uma festa na noite anterior, por isso fiquei acordada até tarde, e me lembro de pensar: "Meu Deus, isso é tão doloroso!" No entanto, aí me ocorreu: "Ah, eu tenho tanta sorte de ser capaz de usar os meus pulmões, de conseguir respirar". E isso me fortaleceu bastante.

Lisa: Quanto tempo mais se passou até você correr uma maratona?

Christy: Foi no ano seguinte! Quando a Every Mother Counts recebeu as vagas para a maratona, comecei a treinar. E tudo me voltou — que eu adorava correr quando criança, tudo que o meu pai tentou ensinar a mim e às minhas irmãs sobre saúde e preparo físico e ser forte. Ainda mais motivador foi o modo como consegui conectar o ato de correr com a minha organização e a nossa missão — no sentido de que a distância é uma grande barreira para as mulheres e o parto em todo o mundo. Assim, somos capazes de comunicar isso sempre que corremos.

Lisa: Apenas alguns anos mais tarde, você correu a sua quinta maratona. E se qualificou, aos 47 anos, para a prestigiada Maratona de Boston.

Christy: É algo que eu amo. Tornou-se um tipo de meditação. É parte do meu trabalho, da

O PODer DA sua MENtE é tÃo FOrte QuE, SE VOCÊ DISSER a si mesma QUE NÃO é capaz, ENTÃO É clarO que NÃO É, E nunca seRá.

CHRISTY TURLINGTON BURNS

minha saúde mental. Definir uma meta, treinar, aprender sobre o meu corpo, tirar um tempo para mim só para me sentir desconectada, fora de tudo e sozinha — tudo isso se tornou não apenas atraente, mas também necessário. Preciso ter tempo para mim, e correr me permite isso. Agora eu jamais diria: "Eu corro". Hoje eu digo: "Sou corredora". E isso me dá uma sensação boa.

Lisa: Que conselho você daria a mulheres maduras que estão começando agora a correr?

Christy: Eu lhes diria: "Eu também não gostei, a princípio". Não que você deva fazer algo que não lhe pareça natural ou correto! Porém, você precisa fazer um número suficiente de vezes para superar a parte que parece difícil.

Penso que a maioria das pessoas não tem paciência o bastante para fazer algo por tempo suficiente para superar uma transição difícil. Também aprendi, ao ler aquele livro *Nascido para correr* — é um livro maravilhoso, e parte dele fala sobre como correr é um ato tão humano —, que isso é o que os seres humanos têm feito desde o início dos tempos. A nossa espécie evoluiu para correr e atravessar distâncias. Somos hoje uma população muito sedentária. O livro também discute como correr é brincar. Você volta a ser criança e se lembra de como adorava correr! E assim eu tentei apenas pensar em correr de uma maneira diferente.

Correr é também uma das formas com que você pode *fazer algo*. É possível arrecadar fundos e aumentar a conscientização, fazer com que as pessoas se envolvam e participar de um time. Sinto que praticamente qualquer um conseguiria ir do sofá para uma corrida de cinco quilômetros, por isso tentamos fazer parcerias com corridas com diferentes distâncias, de forma que as pessoas pensem: "Ah, isso eu consigo correr", e comecem por aí. Sem se comprometer com algo que seja grande demais, aos poucos, você começa a ver que, ao superar a última quilometragem, você se vê dizendo: "Nunca pensei que conseguiria correr tanto. Não acredito que corri 25 quilômetros!" O poder da sua mente é tão forte que, se você disser a si mesma que não é capaz, então é claro que não é, e nunca será. Por outro lado, se você disser que consegue, vai se alegrar ao se esforçar ainda mais.

Não costumamos nos permitir chegar ao limite como sociedade. Penso que é muito excitante, em qualquer fase da vida, ser capaz de superar seus limites sem se machucar. É bem revigorante e leva aquela força vital a uma situação prática. Creio que aprendemos muito sobre nós mesmos e sobre os outros ao nos testarmos.

Lisa: Você teve uma década agitada. Fundou a Every Mother Counts, correu cinco maratonas, produziu e dirigiu três documentários e está criando dois filhos. Como você caracterizaria a experiência da última década?

Christy: Tenho mais energia do que nunca e, em parte, é por isso que sinto tanta paixão pelo trabalho que realizo. É muito recompensador no dia a dia, e sinto que tudo que faço nesse espaço com a organização é extremamente recompensador e necessário. Ter esse senso de propósito — não de uma maneira fugaz, mas de uma forma consistente — é bem excitante, e é provável que seja isso o que há de mais diferente do que em qualquer outro período da minha vida.

Quando eu era mais jovem, vivenciei esses sentimentos por momentos breves, mas agora sinto que o meu mundo está em sincronia. E não digo isso no sentido de equilíbrio, porque não gosto muito dessa palavra, mas no sentido de que estou aqui no meu escritório e enxergo onde eu moro a alguns quarteirões daqui, e enxergo a escola dos meus filhos, e vejo que este núcleo da Every Mother Counts está crescendo e reverberando, e sinto tudo isso como círculos concêntricos.

Penso que, em nossas vidas, em geral, há essas fases, e quando você passa por *esta* fase, há *aquela* fase. E não creio que esta fase vá acabar. É como ser mãe — uma vez que aconteça, você está nisso para sempre. E, enquanto eu for saudável e capaz, quero retribuir à sociedade. Entendo que a minha saúde é um privilégio. Sou grata a todo momento por ter a capacidade de respirar, por ter dois braços e duas pernas, por ter a capacidade mental de pensar e as habilidades de comunicação para me conectar com os outros. Como viajei muito por lugares onde as pessoas não tinham privilégios, penso muito sobre os que eu tenho. Não há muitos dias em que eu não me sinta muito, muito agradecida.

Louise Bourgeois fez da arte um meio de exploração e terapia. Ela passou a vida desenhando, pintando e criando esculturas evocativas, mas não conquistou a atenção do mundo até os 70 anos de idade.

Nascida em Paris, em 1911, Louise passou a infância num apartamento sobre a sala de exposição em que os pais vendiam tapeçarias. Nos fins de semana, a família partia para a sua casa de campo para realizar restaurações em tapeçarias antigas. Lá, Louise aprendeu a costurar e a pintar restaurando os elementos que faltavam em tapeçarias danificadas. Na juventude, ela sofreu com o caso amoroso de dez anos entre seu pai e sua professora de inglês, que morava com a família. Louise se sentiu traída por ambos os pais — pelo pai, por tê-la abandonado, e pela mãe, por ter tolerado aquela situação.

Louise nunca teve intenção de ser artista. Suas paixões eram a Matemática e a Filosofia, e ela estudou as duas disciplinas por doze anos na escola Lycée Fénelon, em Paris, passando, a seguir, um período na Sorbonne. Quando se deu conta de que a Matemática não oferecia nenhuma certeza, ela "se voltou para as certezas do sentimento". Entre 1932 e 1938, estudou arte com vários professores, fazendo bicos para pagar por suas aulas.

Em 1936, conheceu um estudante de História da Arte chamado Robert Goldwater. Em dois anos, eles se casaram e se mudaram para Nova York. Ela começou a fazer esculturas no fim da década de 1940 e se mostrou à frente de seu tempo, antecipando movimentos — forma humana, instalações, minimalismo — que se tornariam populares nos anos seguintes. Entretanto, quando seu pai morreu no início da década de 1950, Louise desapareceu da vida pública. Durante esse tempo, ela imergiu na psicanálise, mas não parou de trabalhar. Ao retornar do longo hiato aos cinquenta e poucos anos, o novo conjunto de sua obra era estranho, questionador e abstrato. E os críticos notaram.

Na época em que o marido faleceu, em 1973, o trabalho de Louise atingiu um novo patamar. Ela recebeu diplomas honorários e contratos para criar arte pública. Então, a sua retrospectiva em 1982, no Museu de Arte Moderna de Nova York — a primeira retrospectiva com tamanha dimensão que a instituição havia promovido para uma mulher —, tornou Louise Bourgeois, então com 70 anos, famosa em todo o mundo. Como parte dessa exibição, ela publicou os seus diários, respondeu a perguntas da imprensa e abriu sua autobiografia de uma maneira que jamais havia feito antes. A retrospectiva lhe deu a confiança que permitiu que a sua obra continuasse a evoluir até a sua morte, aos 98 anos, em 2010.

PORQUE O AMOR ME DEIXOU DE LADO
de
Jennifer Maerz

Quando eu tinha 25 anos de idade, uma quiromante decretou que eu não me apaixonaria até os 40. Ela agarrou as minhas mãos, passou os dedos pelas histórias costuradas nas minhas palmas e fez o seu pronunciamento numa cadeira à janela de uma cafeteria em São Francisco, Califórnia. "O amor duradouro da sua vida não chegará até que você tenha 40 anos".

Quarenta?! O meu coração afundou. "Tem certeza?", perguntei. Outros quiromantes haviam sido assustadoramente corretos sobre a minha vida antes, e essa profecia me pareceu uma punição.

"Tenho", ela respondeu. "Tenho uma sensação bem forte sobre isso".

Afastei-me abalada. Eu não queria esperar pelo amor. Estando num relacionamento que já durava cinco anos, eu pensava que já o tinha encontrado. Eu havia conhecido o meu namorado trabalhando no jornal da nossa faculdade em Santa Cruz, na Califórnia. Eu adorava o humor sarcástico dele e o jeito como estreitava os olhos castanhos quando dava uma piscadela. Eu o apresentei aos meus pais três semanas depois do nosso primeiro beijo. Um mês mais tarde, estávamos aninhados no sofá úmido da minha varanda, quando o rosto dele se tornou sério. Ele disse que me amava. Eu o amava também.

Eu o segui até São Francisco. Passamos a morar juntos, cuidávamos dos pais um do outro como se fossem os nossos e escrevíamos cartas saudosas um para o outro quando um de nós viajava sozinho.

Aos 25 anos, eu imaginava que sempre estaríamos apaixonados, que ele sempre prepararia ravióli feito em casa para mim e que eu sempre lhe arrumaria entradas para shows de rock *underground*. As palavras da quiromante me assombraram naquela noite.

No entanto, ao prosseguir nos meus vinte e tantos anos, eu também precisava de mais do que o nosso relacionamento oferecia. O meu namorado se tornou repórter político em Washington, D.C., e depois em Sacramento, na Califórnia, enquanto eu me tornei crítica de rock em Seattle, no Estado de Washington. Deixávamos um ao outro em cidades distintas com frequência, com a promessa de que a nossa situação era temporária. Sentia-me sozinha sem ele e explorava a tentação nos cantos das festas noturnas que eu frequentava com meus amigos punks. Eu bebia o suficiente para fingir que aqueles beijos ilícitos evaporavam da lembrança com a névoa da fumaça do cigarro.

Depois de onze anos juntos, meu namorado me pediu em casamento quando estávamos de pé sob um guarda-chuva no bairro de Dumbo, em Nova York. O meu coração pulou de excitação. No entanto, depois me vi girando o diamante do meu anel de noivado para baixo quando ele não estava perto. Eu o amava, mas a pedra vistosa era um símbolo audacioso da vida adulta que eu não conseguia aceitar.

Mesmo assim, quando meu noivo anunciou, um ano após o nosso noivado, que ele não estava mais apaixonado por mim, tudo que eu queria era remendar o abismo entre nós. Porém, já era tarde demais. Estávamos vivendo em mundos isolados. Consultamos um terapeuta que nos disse, depois de uma única sessão, que o nosso relacionamento havia terminado. O meu noivo fez as honras no dia seguinte ao Dia dos Namorados. Estávamos de carro viajando entre as nossas cidades, e ele pediu para ser deixado na estação de trem mais próxima. Ele queria voltar para casa, sozinho. Não falei com ele de novo até o funeral de um amigo mútuo nove anos mais tarde.

Eu não queria estar solteira aos 32 anos. Não queria decidir onde passar as férias ou lidar com as contas a pagar sozinha.

Passei por maus bocados. Sentia uma saudade terrível do meu ex. Cancelava compromissos com amigos porque me sentia melhor assistindo a episódios de *America's Next Top Model* e chorando até as pálpebras se fecharem de tão inchadas do que fingindo entusiasmo por ser uma mulher solteira na pista de dança. No Dia dos Namorados, meu desejo doloroso era me tornar invisível até o dia seguinte. E quando o último na minha série de relacionamentos de três meses terminou, saí aos tropeços de mais outro apartamento, com o coração partido.

Com o passar do tempo, porém, comecei a assumir riscos saudáveis e ganhar confiança.

Depois de trabalhar como crítica de rock por uma década, deixei o ramo da música. Eu detestava beber demais e estar perto de outros bêbados o tempo todo, e compreendi que uma boa noite de sono aliviava as ansiedades que vinham se acumulando dentro de mim havia anos. Abandonei o glamour que eu associava aos relacionamentos com músicos, cuja habilidade de prestar atenção diminuía no instante em que voltavam para os seus ônibus de turnê.

Também me diverti. Tive namoricos com homens cujas vidas me intrigavam. Vivenciei fantasias de fim de semana com um campeão de guitarra imaginária de Los Angeles, um astro do rock dinamarquês, um promotor de espetáculos australiano. E aí eu me cansei de transar com parceiros eventuais e comecei a dizer não para todos que não parecessem promissores para um relacionamento de longa duração.

Vivenciei uma intimidade duradoura com as minhas amizades com mulheres, amigas que também eram solteiras e que se deliciavam ao ir até Los Angeles para um festival de rock psicodélico, no meu carro cheio de compilações musicais feitas por elas. Essas mulheres passavam os fins de semana comigo flutuando no rio Russian, ou noites observando as estrelas de uma casa alugada em Stinson Beach. Nunca antes eu havia sentido amor como esse por amigos.

Desenvolvi um vínculo singular com a minha irmã quando começamos a fazer aventuras anuais juntas, viagens que, no passado, eu havia realizado com um namorado. Comemos piranha em Buenos Aires, dormimos no quarto de Gram Parson no hotel Joshua Tree no sul da Califórnia e visitamos a casa de um colecionador obcecado por Elvis Presley perto de Memphis.

Compreendi que eu havia passado a adolescência e os meus vinte anos tentando diminuir a distância entre mim e os rapazes que conhecia. Eu me atrelava ao que eles estavam conquistando na esperança de que, por associação, eu também fosse premiada. Eu tinha um fogo dentro de mim, mas nenhuma ideia de como canalizar aquele ardor sozinha. Confundi ser agressiva quanto ao sexo e ao amor com ser assertiva no mundo em geral.

Foi somente quando eu não tinha nenhum homem ao meu lado que eu entendi o que eu era capaz de realizar sozinha. Eu não precisava me contorcer num retrato do que os meus ex-namorados precisavam que eu fosse. Tomei decisões espontâneas sobre a minha carreira, o meu estilo de vida, os meus planos de viagem.

Aos 38 anos, eu dedicava pouca energia a encontrar um par romântico. É claro, foi aí que conheci o homem que a quiromante havia visualizado.

Eu trabalhava como editora-chefe de uma publicação popular de São Francisco e desenvolvia uma prática de meditação saudável. Estava feliz solteira, mas, quando uma amiga mencionou um amigo bonito que gostava de livros e filmes tanto quanto eu, concordei com um encontro. Desde o instante em que entrou no bar, ele não conseguia parar de falar. Contou-me que escrevia ficção, fabricava móveis e jogava hóquei. Era onívoro e enciclopédico em seu conhecimento sobre música. Ao fim da noite, eu não conseguia acreditar que aquele cara do meio-oeste, com olhos azuis e maçãs do rosto bem definidas, estava fechando o bar comigo.

Saímos juntos duas vezes, e então parti para um retiro de meditação silenciosa por dez dias. Passei esse tempo com os budistas, encarando todos os medos que eu havia guardado dentro de mim. No décimo dia, fomos instruídos a perdoar os nossos torturadores mentais, e liberei os fardos pesados que eu vinha acumulando por anos. No entanto, também me senti tomada por um amor avassalador por aquele homem do meio-oeste. Nós nos encontramos na noite em que o meu retiro terminou, e ele havia escrito para mim um poema para cada dia em que estivemos separados. Eu estava ansiosa para lhe dizer que o amava — mas esperei dois dias mais até que ele o dissesse primeiro.

Dois anos mais tarde, aos meus 40 anos, nós nos casamos em Big Sur, na Califórnia. Ele me pediu a mão no topo do Hotel Fairmont — o mesmo local, ele sabia, em que meu pai havia pedido a mão da minha mãe. Ponto para os quiromantes do mundo.

Tenho amigas em torno dos trinta anos que, às vezes, se perguntam se os parceiros sobre quem não têm muita certeza são aqueles que amarão no longo prazo. Elas se perguntam se o que sentem é o suficiente, sabendo que, só por questionarem isso em voz alta, é provável que não seja. Porém, não querem desistir, por medo de viajar pelo mundo sozinhas, de um relógio que as irá declarar incapazes de serem amadas a uma certa idade. Entendo a dor delas. Eu também me apavoraria se não fosse forte o bastante para permanecer só.

Compreendi, contudo, que algumas de nós precisam ser exploradoras solitárias aos trinta anos. Precisamos deixar de pressionar as fronteiras dos nossos relacionamentos aos vinte e tantos anos, sufocadas pelo que não podemos ter, e vivenciar o que queremos de fato.

Isso não significa que se casar aos 40 seja uma empreitada destemida. Tentar engravidar é tão mais difícil do que eu esperava. E, de vez em quando, me vem o medo de perder o meu marido para alguma doença terrível à medida que envelhecemos.

No final, porém, apaixonar-me perdidamente aos 40 me deu tempo para construir a minha vida com base em quem sou e não no que sou forçada a deixar de lado. Entendo que uma grande incerteza gera grandes oportunidades. E por essas lições somente, sou grata pelo fato de que o amor romântico me deixou de lado até que eu tivesse idade para me apreciar de verdade tanto quanto aprecio o meu parceiro.

Jennifer Maerz é escritora *freelance*, editora e garimpeira de praia que hoje vive em Portland, no Oregon. Seus ensaios pessoais e artigos sobre arte e cultura foram publicados nos websites RollingStone.com, Cosmopolitan.com e Refinery 29, e também no *San Francisco Chronicle*, em *The Stranger* e no *Bold Italic* (onde ela trabalhou como editora-chefe), entre outros. Ela consegue devorar uma caixa de caramelos de alcaçuz negro melhor do que ninguém.

Emily Kimball chama a si mesma de "a aventureira em envelhecimento". Em torno dos 40 anos, ela decidiu que queria um emprego ao ar livre e se juntou ao departamento de recreação da comunidade local. Depois de dar esse salto 43 anos antes, com o passar do tempo, Emily se apaixonou mais pela vida ao ar livre e começou a atravessar milhares de quilômetros a pé e de bicicleta. Realizou caminhadas de mais de 3.000 quilômetros ao longo da Trilha dos Apalaches, percorreu 7.500 quilômetros de bicicleta pelos Estados Unidos e caminhou por 309 quilômetros cruzando o norte da Inglaterra, tudo depois do seu sexagésimo aniversário — e isso não inclui outras incontáveis aventuras que a trouxeram até o presente. Aos 88 anos, Emily é autora de dois livros, entre eles *A Cotton Rat for Breakfast: Adventures in Midlife and Beyond* ("Um rato de algodão para o café da manhã: aventuras na meia-idade e além"). Como proprietária de Make It Happen! ("Faça Acontecer!"), uma consultoria de estilo de vida dedicada a desafiar as pessoas a conquistar os seus sonhos, Emily viajou pelos Estados Unidos dando palestras como especialista em envelhecer de maneira criativa, assumir riscos e superar obstáculos. Ela está atualmente focada em escrever sobre suas aventuras e sobre o envelhecimento.

Lisa: Você conseguiu o emprego dos seus sonhos como administradora de recreação ao ar livre no Departamento de Recreações do Condado de Chesterfield aos 48 anos. Conte-nos sobre a sua jornada até esse ponto. O que você fez da vida antes disso?

Emily: Fiz mestrado em Sociologia e comecei a trabalhar em seguida como organizadora da comunidade numa vizinhança no sul da Filadélfia, no Assentamento de Vizinhos Unidos. A vizinhança era formada, em sua maioria, por italianos, com uma grande quantidade de populações afro-americanas e judaicas se mudando para lá. Era um trabalho desafiador fazer com que as pessoas trabalhassem juntas para o bem da comunidade. Depois disso, trabalhei como representante para a Comissão da Filadélfia de Relações Humanas. Uma nova lei de moradia havia acabado de ser aprovada, junto das leis trabalhistas. Trabalhei em muitas situações interessantes, tentando fazer com que essas leis funcionassem para as comunidades locais.

Lisa: Por que você mudou de carreira? O que a levou a isso?

Emily: Fui dona de casa por 14 anos. Divorciei-me lá pelos 42 e arrumei um emprego na Secretaria Estadual de Envelhecimento, trabalhando como representante. Foi aí que decidi que queria transformar o meu grande amor pelas atividades ao ar livre numa carreira. Voltei para a escola por oito meses, estudei Biologia (plantas, pássaros, mamíferos, ecologia, insetos etc. Pensei que havia morrido e chegado ao paraíso!) e fiz um estágio ambiental no Centro Ambiental Glen Helen em Ohio por cinco meses. Depois

viajei pelos Estados Unidos, fazendo entrevistas para empregos ligados ao meio ambiente. Eu vivia com 200 dólares por mês, acampando e preparando refeições no meu fogareiro, e deixando o meu ex-marido cuidar dos nossos três filhos, então com 10, 12 e 14 anos (essa é outra longa história). Durante esse tempo, também fiz caminhadas pelo Grand Canyon, canoagem de 320 quilômetros no rio Suwannee e passei dez dias numa experiência de sobrevivência no deserto em Utah.

Acabei conseguindo o emprego dos meus sonhos como administradora de recreação ao ar livre no Departamento de Parques e Recreação do Condado de Chesterfield depois de voltar, de mãos abanando, da minha viagem pelo país em busca de trabalho. Tive doze empregos diferentes naquele ano para sustentar a minha família, ainda com a esperança de encontrar um emprego local ao ar livre.

Lisa: Você, há longos anos, é entusiasta da vida ao ar livre e se refere a si mesma como "a aventureira em envelhecimento". Como essa aventura começou para você e por quê?

Emily: Realizei algumas viagens de bicicleta durante a faculdade e sempre joguei tênis e beisebol quando menina, além de patinar no gelo pelas ruas congeladas de Rochester, no Estado de Nova York. No entanto, tornei-me mesmo mais aventureira ao chegar aos 40 anos — participei de uma aula sobre viagens solo para mulheres com mais de 40 anos e me juntei ao clube de ciclismo para suplementar a vida de mãe solteira. Fiz essa mudança de carreira porque a vida ao ar livre era a minha paixão, e já que era provável que eu tivesse de trabalhar pelo resto da vida, queria que fosse com algo em que acredito intensamente e por que sou apaixonada.

Lisa: O que você faz para tomar conta de si e se manter em forma entre as caminhadas de longa distância ou as viagens de bicicleta?

Emily: Cuido de mim tentando me manter ativa cinco dias por semana. Caminho por uma hora antes do café da manhã, jogo em duplas duas vezes por semana com um grupo de pessoas com mais de 55 anos, ando de bicicleta com o clube nos sábados (40 quilômetros) e, no verão, nado quase todos os dias na grande piscina olímpica na minha cidade. Também faço algumas viagens como mochileira, mas isso está se tornando mais difícil, e, é claro, faço caminhadas.

Lisa: Como a experiência de estar ao ar livre mudou com a idade?

Emily: Noto que sou mais feliz quando estou em meio à natureza. É onde vou buscar conforto. Manter-me ativa e junto à natureza me motiva. Isso não mudou com a idade, mas está se tornando mais difícil encontrar companheiros no meu ritmo com quem realizar essas atividades, por isso, muitas vezes, eu as faço sozinha. É claro que hoje sou bem mais lenta. Além disso, tive de desistir do esqui *cross-country* por problemas de equilíbrio, e jornadas carregadas (em que você carrega tudo na bicicleta) são bem mais difíceis agora.

Lisa: Você é autora de dois livros, palestrante e até coordena *workshops* voltados ao envelhecimento criativo. Por que o envelhecimento criativo é importante para você?

Emily: Falo sobre o envelhecimento criativo, meu assunto favorito, porque hoje temos entre vinte e trinta anos de vida saudável depois de deixar o mercado de trabalho, e quero inspirar as pessoas a aproveitarem ao máximo esse período — ignorar a discriminação etária da nossa cultura e apenas seguir em frente vivendo os seus sonhos. O meu tema favorito para discutir é "Redefinir a maturidade no século XXI".

Lisa: Que conselho você daria para mulheres maduras que estão pensando em seguir uma paixão, explorar algo novo ou mudar a vida de uma forma significativa, e que talvez sintam que já estão "passadas" ou que tenham medo de fazer algo novo?

Emily: O meu conselho às mulheres maduras é se arriscar, tentar novas atividades e não permitir que os fracassos as abalem. Aprendam com eles e depois sigam em frente. Essa também é a mensagem principal do meu livro mais recente, *A Cotton Rat for Breakfast: Adventures in Midlife and Beyond*. Vocês não estão passadas. Vocês têm vinte bons anos ou mais pela frente para as atividades que deixaram de lado durante a agitação daqueles anos intermediários!

Lisa: Quais foram suas últimas aventuras?

Emily: Parti no dia 13 de junho para me juntar a um grupo numa viagem de bicicleta pela trilha Katy, de 380 quilômetros, no Missouri. Estou dizendo que essa foi a minha última farra, mas os amigos me dizem que isso é improvável. Foi uma viagem de carro de 3.200 quilômetros para chegar lá, e acampei em bons parques, nadei e visitei amigos no caminho. Meu plano era permanecer por alguns dias, fazer canoagem no rio e um pouco de ciclismo antes de voltar para casa. Em abril, o meu filho e eu fizemos uma viagem de bicicleta por sete dias na Flórida. Fazemos um passeio pela Flórida em todas as primaveras.

AS MULHERES TALVEZ SEJAM O GRUPO QUE SE TORNA MAIS RADICAL COM A IDADE.

GLORIA STEINEM

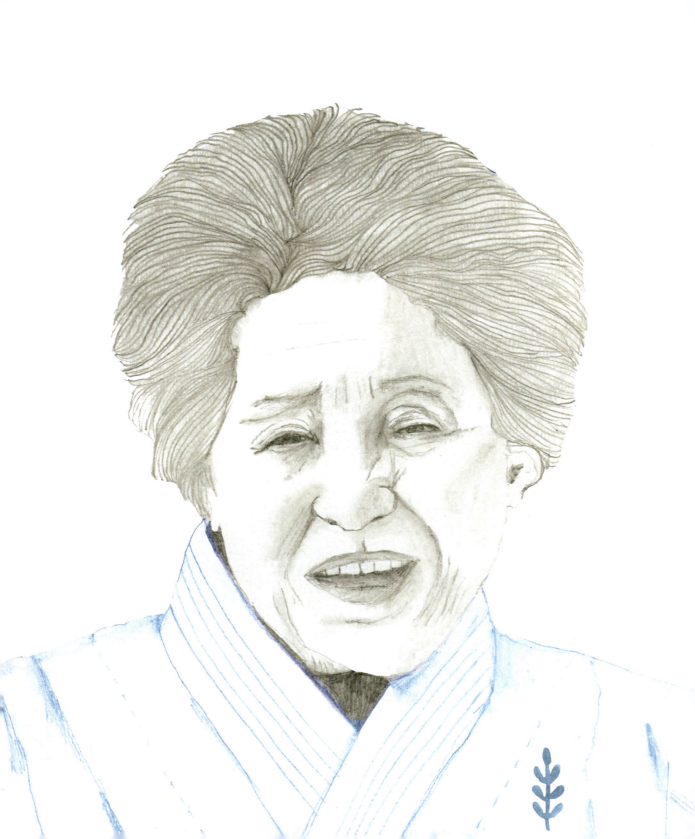

Sensei Keiko Fukuda

tornou-se a mestra de judô feminino com a classificação mais elevada no mundo aos 98 anos, depois de enfrentar décadas de discriminação do Instituto Kodokan, dominado por homens.

Nascida em Tóquio, em 1913, era neta de Hachinosuke Fukuda, um samurai e mestre de jiu-jítsu. Embora a educação japonesa que recebeu na época tenha sido convencional — praticando arranjos de flores e caligrafia —, sua vida mudou aos 21 anos, quando Jigoro Kano, fundador do judô e um dos ex-alunos de seu avô, convidou Keiko para treinar com ele em seu centro de artes marciais, também conhecido como um dojo. Com menos de 1,52 m de altura, Keiko era uma mestra improvável.

O judô tem relação com o jiu-jítsu, envolvendo uma combinação de técnicas de segurar e arremessar, com força e equilíbrio. Apesar da sua estatura, Keiko se provou excelente. Era tão dedicada que recusou um casamento arranjado por medo de precisar abandonar o esporte, e tornou-se instrutora em 1937. Jigoro Kano faleceu em 1938, e Keiko se especializou numa forma mais suave de judô chamada kata. Aos 40 anos de idade, ela se juntou a um seleto grupo de mulheres que detinha a faixa preta do quinto ano, também chamada de quinto *dan*, e se mudou para os Estados Unidos, onde ensinou por muitos anos. Depois retornou a Tóquio, demonstrando o judô feminino nas Olimpíadas de Verão de 1964.

Em 1966, ela voltou aos Estados Unidos e, mais tarde, obteve a cidadania norte-americana. O Instituto Kodokan, depois de recusar por vinte anos o progresso de Keiko, acatou uma petição, e, em 1973, aos 60 anos, ela se tornou a primeira mulher a receber a classificação de sexto *dan*. Um ano depois, fundou o Keiko Fukuda Joshi Judo Camp, o primeiro campo de treinamento de judô para mulheres, e, no fim da década de 1980, estabeleceu o seu próprio torneio feminino. Por mais de quarenta anos, Keiko ensinou mulheres de toda a baía da Califórnia em seu dojo em São Francisco.

Ela permaneceu no sexto *dan* por mais de trinta anos, até que o Kodokan lhe concedeu o nono *dan*, a segunda classificação mais alta possível, em 2006, quando já estava com 93 anos. Essa permanece sendo a classificação mais elevada que uma mulher já conquistou no judô. Keiko tinha 98 anos quando a Federação de Judô dos Estados Unidos a promoveu ao décimo *dan*. O governo japonês a reconheceu com a "Ordem do Tesouro Sagrado" por sua contribuição ao esporte. Keiko continuou a ensinar judô em seu dojo até falecer aos 99 anos.

RUGINDO CONTRA O ANDAR NA PONTA DOS PÉS

de

Heather Armstrong

Escrevo estas palavras cinco semanas depois de participar da Maratona de Boston, em que corri pela segunda vez 42 quilômetros. Na minha primeira maratona, eu tinha 36 anos e cruzei a linha de chegada com ossos quebrados e ferimentos emocionais tão profundos que levariam ao fim do meu casamento de dez anos. Desta vez, deixei a linha de chegada aos 40 anos, contente, com um sorriso sábio e natural no rosto, voltando para um quarto de hotel que não dividia com ninguém.

A jornada entre a primeira e a segunda maratona foi algo que não previ, mas que mudaria toda a estrutura da minha vida e de como me sinto sobre ser uma mulher numa faixa etária que é menosprezada com tanta frequência. Mal sabia eu que a diferença entre 39 e 40 é que, aos 39, se é considerada "mais velha". Quarenta? Aos quarenta, se é considerada "velha".

Qualquer um que tenha uma vaga familiaridade com a trajetória da minha carreira apontaria para uma versão mais jovem de mim, para o ano em que a minha segunda filha nasceu, e diria: "Ali. Foi ali que ela chegou ao ápice". Eu tinha 34 anos, havia recém-terminado uma turnê para promover o meu livro – um *best-seller* na lista do *The New York Times*, sobre a depressão pós-parto que eu havia enfrentado com a minha primeira filha – e mantinha um blog de bastante sucesso, pioneiro na indústria de blogs pessoais, com o qual ganhava dinheiro por meio da contação de histórias e de anúncios. Também estava muito apaixonada pelo meu novo bebê e pela oportunidade que ele me deu de vivenciar o início da maternidade de uma forma que eu não havia conseguido da primeira vez, por causa da depressão. No papel, aquele ano parecia ser exatamente como eu havia imaginado que minha vida seria quando eu fosse bem-sucedida, com as linhas e curvas se adequando perfeitamente à imagem adolescente que eu havia visualizado em detalhe e que utilizava como referência nos meus vinte anos e início dos trinta.

No entanto, dois anos mais tarde, ao treinar para aquela primeira maratona, passando horas sozinha em calçadas e trilhas, empurrando o meu corpo (de modo literal e metafórico) para algo novo, estranho e complicado, atingi um nível de autoconsciência que, sem que eu me desse conta, havia me escapado durante todo esse período de vitórias. Pensei que eu havia estado presente e sido cuidadosa em relação às escolhas que eu havia feito como mãe e empresária, mas o que veio à tona durante todos esses quilômetros passados sozinha foi: "Não é isso que eu sou".

"Não é isso que eu sou".

Isso não era apenas a mercadoria em que eu havia me transformado como fonte única de renda da minha família, mas também a parceira desapaixonada e a amiga desinteressada que eu havia me tornado por causa do que eu acreditava significar ser uma mulher casada e com família. Fui moldada assim pela minha mãe, que havia suprimido a sua verdadeira identidade e todos os seus interesses durante a minha infância em sacrifício ao meu pai e a uma noção religiosa de que a mulher tem um lugar específico no lar. E embora eu fosse a principal provedora da família, por anos eu havia censurado, esterilizado e punido a minha verdadeira identidade porque o pai dos meus filhos não aprovava a mulher arrebatada por quem havia se apaixonado a princípio.

Para minha sorte, a minha mãe também me moldou para o passo que dei a seguir, quando acabei com tudo.

Depois daquela primeira maratona, voltei para casa de muletas, arrebentada por fora e por dentro, e quando pedi a separação logo em seguida, sabia que era possível que eu estivesse matando a minha carreira. Eu era a "mamãe blogueira", que havia feito uma suposta fortuna escrevendo sobre o seu casamento e sua família feliz, com uma irreverência humorística que mascarava todos os problemas bem reais e bem daninhos que atormentavam o dia a dia. O divórcio era algo que não deveria ser parte da narrativa.

Porém, eu não conseguiria continuar vivendo o que havia se transformado numa mentira, a andar na ponta dos pés dentro de casa, quando queria, na verdade, rugir e quebrar as paredes. Não é de surpreender que os dois anos seguintes tenham sido os mais difíceis e agonizantes da minha vida. Quando o meu divórcio veio a público, como eu sabia que aconteceria (no *The New York Times*, no *Huffington Post* e até no jornal da minha terra natal), parte dos meus leitores tomou partido de um lado ou de outro. Ao mesmo tempo, a minha área de atuação estava se fragmentando com rapidez, e os leitores começaram se dispersar para vários cantos da internet. O que um dia havia sido um modelo de negócio centrado por completo numa narrativa autêntica logo se transformou em histórias fabricadas sobre produtos que as marcas queriam vender, tendo minha própria vida como pano de fundo.

Mascarar a minha infelicidade enquanto escrevia aqueles textos me levou à beira de outra estadia sob supervisão neuropsiquiátrica.

Houve momentos durante o período sombrio do meu divórcio em que me lembrei do ano do nascimento da minha segunda filha e deixei a nostalgia me desencaminhar, nem que fosse para fazer com que eu parasse de sangrar. No entanto, eu sempre voltava para o som dos meus dois pés, um após o outro, carregando o meu corpo para além do quilômetro 25, do quilômetro 27, do quilômetro 30. Eu não era capaz de desaprender o que eu havia aprendido por aqueles milhares de passos. O ano do nascimento da minha segunda filha não foi de "paz", como a nostalgia queria me levar a acreditar. Foi um trecho de asfalto do caminho até ela.

Eu também, por vezes, me via ansiando pelo fim do meu contrato com meu patrocinador, um acontecimento que coincidiria com o meu 40º aniversário. Por mais libertador que o fim daquele acordo pudesse ser, seu significado era muito apavorante. Seria o fim de uma era? Será que eu conseguiria fazer a transição daquilo que eu havia construído durante os 14 anos anteriores para algo igualmente lucrativo, em especial quando eu não tinha o rosto de uma jovem de 25 anos para me ajudar? Será que as pessoas descobririam que eu, na verdade, jamais havia tido noção alguma do que eu estava fazendo?

Como eu faria aquilo *completamente* sozinha?

Minha mãe só deu início à carreira dela depois dos 40 anos, após se divorciar do meu pai e compreender que nunca deveria ser nada que não *tudo* o que ela era. No decorrer de vinte anos, ela subiu na carreira, passando de gerente de vendas distritais da Avon (o cargo administrativo mais básico da empresa) até se tornar diretora de vendas regionais no oeste dos Estados Unidos. E aqui estava eu, preocupando-me com a possibilidade de a cortina do palco estar se fechando para mim, apesar de ter a mesma idade que a minha mãe tinha quando estava começando a testar seus tênis de corrida.

"Você precisa construir outro barco", sugeriu minha *coach* de vida, Rachel, depois do nosso primeiro encontro. Contratei Rachel depois que, em desespero, convidei a minha mãe para um jantar, ansiosa por ouvir seus conselhos sobre o que eu via como a sombra desbotada, desolada e exaurida de quem eu havia sido um dia. A resposta dela não foi o que eu esperava.

"Você já fez algum progresso", ponderou.

No entanto, será que eu não estava em um beco sem saída?

"Contrate um desses... coach *de vida*? É assim que eles se chamam?", continuou ela. "Encontre um de que você goste e deixe que ele a guie. Querida, eu nem mesmo entrei na água antes dos 40, e veja o que você já fez. Você tem muito mais a fazer."

Em primeiro lugar, a minha mãe não é do tipo de pessoa que normalmente sugeriria um *coach* de vida. Com toda honestidade, eu pensei que ela me sugeriria voltar para a igreja e rezar pela situação. Em segundo lugar, foi a primeira vez que alguém me deu permissão — ou o que eu percebi como sendo permissão — para ter orgulho daquilo que eu havia realizado, do que eu havia construído. Pois, na minha área de atuação, você é apenas tão bom quanto o seu último texto publicado.

Isso não é verdade, porém. *Eu não sou o último texto do meu blog. Veja o que eu já fiz.*

Não é isso que eu sou.

Trabalhei com Rachel por mais de 18 meses, e ela não apenas me ajudou a construir outro barco como também *me deu permissão*. Se ela ler isso, vai balançar a cabeça e dizer: "Você não aprendeu nada do que eu lhe ensinei?" Pois eu não preciso de permissão para me dar crédito, me dar um desconto ou tirar uma folga. Acontece que essas coisas são bem mais fáceis de se fazer quando se é "velha".

Eu estava com 39 anos e na marca de 14 quilômetros de uma meia maratona na Tanzânia quando comecei a pegar o jeito da coisa. Eu havia me chocado contra um obstáculo no calor de 32 graus e sentia o meu corpo se desligando.

"Você pode caminhar, Heather", foi o que eu disse a mim mesma, algo que eu nunca havia me permitido fazer numa corrida. E assim eu caminhei. Outros passaram correndo por mim enquanto eu caminhava. Eu os vi desaparecer na névoa do calor adiante, sabendo que o tempo de corrida deles seria mais rápido que o meu. No entanto, não seria melhor. Só mais rápido. Duas medidas bem diferentes.

Senti-me tão feliz por ter terminado de cabeça erguida. Eu terminei! *É isso que eu sou!*

Nos poucos meses que antecederam o fim do meu contrato com meu patrocinador, a minha excitação em relação à transição e à significância do meu 40º aniversário aumentou, pois eu havia sentido medo por muito tempo. Medo de desapontar o meu ex-marido, de decepcionar o meu público, de ser afastada da indústria por causa da minha idade, de perder os meus leitores para um talento mais jovem.

Eu vivia com medo de que eu só fosse tão boa quanto o meu último texto publicado.

Então, completei 40 anos. Tornei-me "velha". O medo despencou dos meus braços e pernas como um peso morto, pois, pela primeira vez na vida, compreendi que eu vivia a plenitude de tudo que eu sou. *Tudo de mim.* E entendi que o sucesso não era uma turnê com um livro, ou um cheque de pagamento, ou um blog vencedor de prêmios, ou uma idade. O sucesso era descobrir a mim mesma. Completar 40 anos acabou sendo glorioso!

Heather B. Armstrong é bastante conhecida por ser a mais popular "mamãe blogueira" do mundo. Seu website, Dooce®, figurou duas vezes como um dos "25 melhores blogs do mundo" na revista *Time*. A revista *Forbes* listou Dooce® como um dos "100 principais websites para mulheres" e nomeou Heather como uma das "30 mulheres mais influentes na mídia". Ela é autora de *best-sellers* listados pelo *The New York Times*, além de ter 1,3 milhão de seguidores no Twitter e um público muito engajado.

LILIAN JACKSON BRAUN

SÓ PUBLICOU AOS 53 ANOS O PRIMEIRO DA SUA FAMOSA SÉRIE DE ROMANCES SOBRE UM GATO DETETIVE. ELA ESCREVEU 29 LIVROS DA SÉRIE E DESFRUTOU DE UMA CARREIRA DE 45 ANOS ATÉ FALECER AOS 98.

LESLIE JONES

TINHA 47 ANOS QUANDO ENTROU PARA O ELENCO DE SATURDAY NIGHT LIVE.

LOONGKOONAN

É UMA ABORÍGENE AUSTRALIANA QUE CONTINUAVA A PINTAR AOS 105 ANOS DE IDADE.

RUTH FLOWERS,

TAMBÉM CONHECIDA COM DJ MAMY ROCK, DISCOTECOU EM BARES E FESTAS DE CELEBRIDADES ATÉ OS 82 ANOS.

VIRGINIA HAMILTON ADAIR

PUBLICOU O SEU PRIMEIRO LIVRO DE POESIAS AOS 83 ANOS. SEUS POEMAS TIVERAM MUITO DESTAQUE NA REVISTA NEW YORKER.

CRIATIVAS EXTRAOR-DINÁRIAS

HARRIET DOERR

TINHA 74 ANOS QUANDO O SEU PRIMEIRO ROMANCE A VENCER O PRÊMIO DE LIVRO NACIONAL FOI PUBLICADO.

EVE ENSLER

ESCREVEU OS MONÓLOGOS DA VAGINA AOS 48 ANOS.

JULIA MARGARET CAMERON

NUNCA TINHA SEGURADO UMA CÂMERA ATÉ OS 48 ANOS. O MET (MUSEU DE ARTE METROPOLITANA EM NOVA YORK) HOJE A DESCREVE COMO UMA DAS MELHORES RETRATISTAS DA HISTÓRIA DA FOTOGRAFIA.

KATHRYN JOOSTEN

TINHA 60 ANOS QUANDO CONSEGUIU O PAPEL QUE A REVELOU NA SÉRIE DE TV THE WEST WING — NOS BASTIDORES DO PODER. ELA GANHOU DOIS PRÊMIOS EMMY.

VIVIENNE WESTWOOD

SÓ REALIZOU O SEU PRIMEIRO DESFILE DE MODA AOS 41 ANOS E SÓ GANHOU FAMA MUNDIAL APÓS OS 50.

ANNE RAMSEY

FEZ A SUA PRIMEIRA GRANDE APARIÇÃO NAS TELAS DE CINEMA AOS 45 ANOS E, MAIS TARDE, FOI INDICADA AO OSCAR.

SUE MONK KIDD

SÓ PUBLICOU O SEU PRIMEIRO LIVRO E BEST-SELLER AOS 53 ANOS.

Stephanie Young era uma renomada escritora e editora da revista *New York*. Durante cerca de trinta anos, ela galgou os cargos de uma carreira editorial em mais de seis grandes publicações — de digitadora de transcrições na revista *Mademoiselle* a colunista da *Glamour*, e depois diretora de saúde e aptidão física das revistas *Self* e *More*. Durante sua carreira editorial, foi pioneira em escrever sobre saúde feminina, o que é hoje tão abundante na mídia. Então, em 2007, aos 53 anos, Stephanie deixou o mundo editorial para trás e embarcou numa nova jornada — passando a estudar medicina e a seguir carreira nessa área. Aos 60 anos, Stephanie estava se candidatando a vagas de residência e iniciando sua carreira como médica.

Lisa: Aos 53 anos, você decidiu se matricular numa faculdade de medicina e se tornar médica. Em que momento você percebeu que precisava fazer uma mudança em sua vida?

Stephanie: Eu estava com aquela que é a minha melhor amiga desde a sexta série. Ela mora na Califórnia e eu, em Nova York, mas ela tinha feito uma viagem a Nova York a negócios, e nós saímos para uma caminhada. Enquanto passeávamos pelo Central Park, ela me contou que a empresa dela havia levado um *coach* orientador de vida para conhecer a equipe. O *coach* perguntou a eles: "Se não precisassem se preocupar nem com dinheiro nem com fracasso, o que vocês fariam da vida?" E a minha amiga ficou desapontada por não conseguir dar uma resposta. Então ela me perguntou: "Você teria tido uma boa resposta?" Eu respondi: "Ah, teria, é claro! Eu me demitiria do meu emprego, voltaria para a faculdade e me tornaria médica".

E nós só fitamos uma à outra. Eu exclamei: "Meu Deus, é isso que eu preciso fazer". Não foi premeditado. Foi só uma expressão espontânea do que eu queria de fato. E ela replicou: "Sim, é isso que você deve fazer".
E eu disse: "Certo, certo". O que eu não disse de imediato foi: "É mesmo, você tem razão! Vou voltar para casa e me inscrever em cursos de medicina hoje mesmo!" Na verdade, eu estava pensando: "Uau, isso é muito intenso. Preciso ir para casa e pensar sobre o assunto".

Lisa: O que aconteceu então?

Stephanie: Voltei para casa e, graças a Deus, existe a internet. Digitei algo como "pré-requisitos para cursar medicina" e surgiu um monte de coisas, e então digitei algo como "pós-graduação na área médica" e uma infinidade de cursos apareceu. Depois de ler todas aquelas informações, percebi que eu não precisava voltar para a faculdade. Só precisava estudar cálculo. Na época, eu trabalhava na rua 42 e tinha de ir até a Universidade de Columbia, na rua 116 do lado oeste, para fazer o curso, às quatro da tarde, sendo que eu trabalhava em tempo integral. Eu precisava sair às 3h45, e a aula começava às 4h15, o que era desgastante. Depois de umas quatro semanas fazendo isso, a minha editora veio até mim e me disse: "Notei que você não tem estado muito por aqui à tarde", e eu admiti: "É verdade". E ela perguntou: "Por que isso está acontecendo?" E eu respondi: "Preciso ser honesta, estou fazendo um curso de cálculo". E ela perguntou: "Por que diabos você está fazendo isso?" Expliquei: "Quero entrar na faculdade de medicina, por isso tenho de fazer esse curso. Tenho de sair mais cedo todo dia para chegar lá no horário". Ela também tinha mais de 40 anos, e a reação dela foi fabulosa. Ela comentou: "Então vai deixar de fazer o papel da Dra. Young no escritório e ser a Dra. Young de verdade?" Ela entendeu. Todos vinham até mim com os seus problemas e eu lhes dizia: "Façam isso". E eles perguntavam: "Você é médica?" E eu respondia: "Não. Eu faço o papel de médica no escritório".

Depois que passei em cálculo, fui até a minha editora e disse: "Muito bem, eu passei, preciso me demitir", e ela foi muito compreensiva e encorajadora – o que me ajudou muito.

Lisa: Outros fatores na sua vida estavam mudando também.

Stephanie: É verdade. Percebi que o meu casamento não estava dando certo. Quando voltei para casa e contei ao meu esposo (agora meu "ex-poso") que eu estava pensando em fazer isso, a resposta dele foi: "Bem, você não me consultou". Quando ele disse isso, pensei: "Uau, entendo agora". Naquele momento, dei-me conta de que eu precisava sair daquele relacionamento. E disse a ele: "Pensei que você me apoiaria porque encontrei algo que sei que me fará feliz". E ele ressaltou: "Bem, você não me consultou". Pensei: "Eu não preciso consultar alguém sobre o que fazer para ser feliz. Não, tenho de seguir os meus instintos". E assim tive de aceitar que o meu casamento de 25 anos estava no fim, o que foi imensamente difícil para mim. Eu sempre havia me imaginado casada.

Lisa: Quando você começou a contar às pessoas sobre os seus planos, como elas reagiram?

Stephanie: Guardei cada e-mail das pessoas com quem eu trabalhava — escritores, médicos e outros profissionais — e que foram, na grande maioria, muito encorajadores. "Uau, não dá para dizer que vai ser fácil, mas vá em frente", comentavam. "Caramba, sinto tanto orgulho de você". Recebi muito apoio. Então, frequentemente, eu abro aquela pasta e fico olhando… Muitas vezes, sinto necessidade daquela onda inicial de apoio, e isso me estimula muito.

Lisa: Você se deparou com alguma dificuldade no processo de inscrições por causa da sua idade?

Stephanie: Bem, nenhuma das faculdades de medicina norte-americanas nas quais me inscrevi me aceitou. Uma pessoa do setor de admissões de uma importante faculdade me confidenciou, extraoficialmente, que eu era "velha demais". Então me inscrevi em

PARTE DO MEU SUCESSO É ENTENDER O QUE EU NÃO SEI... AO MESMO TEMPO, A ESSA ALTURA DA MINHA VIDA, NÃO TENHO MEDO DE SER VULNERÁVEL E PEDIR AJUDA QUANDO NÃO SEI ALGUMA COISA. ISSO TAMBÉM FUNCIONA A MEU FAVOR.

STEPHANIE YOUNG

faculdades no Caribe, e fui aceita pela Universidade Ross. Empacotei a minha vida e me mudei para a Dominica (uma ilha entre a Martinica e Guadalupe). É um país do terceiro mundo, e, apesar de eu ter sido uma nova-iorquina apaixonada por vinte anos, adorei o lugar.

Lisa: De que maneiras você imagina que a sua experiência entrando na faculdade de medicina e se tornando médica aos 60 anos seja diferente do que teria sido se você tivesse começado esse caminho aos 20?

Stephanie: A minha idade é algo meio presente e meio ausente. Quando participo de uma aula ou de um grupo de estudos, ou quando tento entender um conceito, sou uma estudante como todos os outros com 24 anos de idade. Mas, de vez em quando, eu dou com a cara na porta, e ouço coisas como: "Ei, espere, você não vai sair conosco pra beber e paquerar, porque você não faz essas coisas". Os alunos vêm até mim e exclamam: "Uau, depois do primeiro dia de aula, o professor já sabe quem você é". E lhes digo que é porque tenho a idade do professor.

O que eu trago é a minha experiência de vida, e isso funciona tanto ao meu favor como contra mim. Por exemplo, tenho essa calculadora sofisticada que comprei porque era uma exigência. Eu não fazia ideia de como usá-la, por isso me virei para a pessoa ao meu lado e admiti: "Não faço ideia de como usar isso. Você me ensina?" Parte do meu sucesso é entender o que eu não sei. Por exemplo, que estou atrasada em relação a uma compreensão intuitiva da tecnologia. No entanto, ao mesmo tempo, a essa altura da minha vida, não tenho medo de ser vulnerável e pedir ajuda quando não sei alguma coisa. Isso também funciona a meu favor.

Lisa: Deve ser bem instigante aprender tantas coisas novas.

Stephanie: É, ao mesmo tempo, instigante e assustador. É como se eu tivesse saltado de um precipício: a queda livre é excitante, mas não saber onde você vai aterrissar é aterrorizador — não importa o quanto tenha sido difícil nem qual seja o desafio.

Lisa: Que conselho você daria a mulheres acima dos 40 anos que querem fazer algo novo — e me refiro a algo *grande*, como a mudança que você fez.

Stephanie: A dificuldade que muitas mulheres enfrentam está em encontrar aquilo que desejam fazer. Converso com muitas mulheres que me perguntam: "Como você descobriu? Quero fazer uma grande mudança também". Há um grande anseio. Por isso, se você quiser fazer uma mudança, seja franca e esteja aberta a direções inesperadas. Quero dizer, uma conversa com uma amiga, quando estávamos só passeando e batendo papo — isso mudou a minha vida. O que funcionou para mim foi aquele momento intuitivo em que percebi que tinha aquela oportunidade fantástica. Você precisa se abrir para que o universo coloque uma ideia no seu colo. Eu poderia facilmente ter respondido à minha amiga: "Ah, sim, eu teria ido à faculdade de medicina, mas não dá para fazer isso agora porque estou velha demais". É preciso apenas se abrir e entender que, sem querer soar lunática demais, o universo vai lhe enviar uma mensagem que será um toque de despertar. Esteja pronta.

Laura Ingalls Wilder não publicou as suas histórias sobre a mãe, o pai, e *Uma casa na campina* até ter bem mais de 60 anos, um fato pouco conhecido entre muitos dos seus fãs ardorosos. As histórias da sua infância como pioneira norte-americana estão entre as mais conhecidas e amadas no gênero da literatura infantil nos Estados Unidos.

Laura Ingalls nasceu em 1867, em Pepin, Wisconsin. Como documentaria mais tarde na sua série de livros, a família se mudou com frequência pelo meio-oeste, assentando-se por períodos curtos no Missouri, no Kansas, em Minnesota, na Dakota do Sul. Com apenas 15 anos, quando vivia na Dakota do Sul, começou a dar aulas numa escola com uma única sala, embora ela mesma nunca houvesse concluído o Ensino Médio. Em 1885, aos 18 anos, Laura se casou com Almanzo Wilder e parou de ensinar para criar os filhos e ajudar Almanzo com o trabalho na fazenda. Mais tarde, a família comprou terras em Mansfield, no Missouri, e construiu uma próspera fazenda de laticínios, aves e frutas.

Na década de 1920, Laura começou a escrever uma autobiografia relatando a sua infância, que incluía histórias de sobrevivência diante do frio, da falta de comida e de outras dificuldades da vida dos pioneiros. Ela acabou por compartilhar sua autobiografia com a filha, Rose, que havia se tornado repórter de jornal. Rose a encorajou a publicar a história e, pelos muitos anos que se seguiram, ajudou a mãe a adequar a narrativa para um público mais jovem. O primeiro livro, *Uma casa na floresta*, foi publicado em 1932, quando Laura tinha 65 anos de idade.

O livro conquistou sucesso imediato junto a leitores jovens e adultos, e Laura continuou a sua carreira prolífera como escritora além dos seus 70 anos, completando uma série de sete romances baseados em sua vida, tendo o último sido publicado em 1943, quando Laura tinha 76 anos. Ela manteve uma correspondência ativa com os fãs até falecer em 1957, aos 90 anos.

De 1974 a 1982, uma série popular de televisão inspirada nos livros de Laura Ingalls Wilder (transmitida no Brasil com o título de *Os pioneiros*) levou suas histórias incríveis sobre a vida dos pioneiros à tela, deliciando os espectadores e originando uma nova geração de entusiastas do universo de *Uma casa na campina*.

A LIBERDADE INESPERADA E REVIGORANTE DE SER SOLTEIRA AOS 41 ANOS

de

Glynnis MacNicol

Em setembro de 2015, na véspera do meu 41º aniversário, recebi uma proposta de um caubói de 20 anos que eu mal conhecia. "Você quer transar?", ele me perguntou, com um tom direto e confiante que — apesar de estarmos nas montanhas Bighorn, em Wyoming — deixaria um nova-iorquino orgulhoso.

Estar sozinha na escuridão com um homem desconhecido poderia ser preocupante, mas, naquele momento, era sobretudo divertido, até mesmo encorajador. Eu estava passando aquele mês de agosto num rancho, afastando-me o máximo possível da minha vida após um ano de intensos altos e baixos, e o local todo irradiava franqueza, aventura e expectativa. Até no escuro, esse jovem demonstrava a atitude de todos os vaqueiros de lá, homens que vestem as suas calças *jeans* do jeito que o fundador da Levi's deve ter sonhado. Entretanto, apesar da qualidade cinematográfica da cena, eu recusei. (Ele: "Sério?") Em parte, porque eu precisava estar acordada dali a duas horas para dirigir até o aeroporto e ainda não havia feito as malas. E também porque, durante o ano anterior, eu me vi com frequência sendo o alvo de interesse de homens jovens — homens viajando pelo país de motocicleta, ex-fuzileiros navais, estudantes de pós-graduação —, o que tornava aquele encontro meio que lugar-comum. Eu tinha parado de pensar sobre isso como algum tipo de anomalia, como uma oportunidade única que eu precisava agarrar ou perder a chance para sempre. Eu sabia o que queria, e, naquele momento, não era aquilo.

Se eu tivesse escutado com mais atenção os contos de algumas amigas solteiras, não teria sido uma surpresa tão grande que a vida de solteira após os quarenta anos pode ser plena, fantástica e divertida. Contudo, há uma falta notável de referências para mulheres solteiras sem filhos, e essa falta cria um vácuo onde deveria haver histórias — de longe, o espaço não mapeado talvez pareça bem assustador, ou até francamente mortal. Apesar de as nossas ideias sobre mulheres e a idade estarem avançando aos poucos, quarenta permanece sendo uma guilhotina metafórica, como se o seu aniversário despencasse, e bum! — tudo que você valoriza em si mesma (ou melhor, que lhe ensinaram que é valioso) é decepado de maneira

súbita e grotesca, e você é deixada sem forma ou valor, ou, o que é pior, invisível. Nas histórias que contamos a nós mesmas sobre a vida de mulheres, existem poucas provas sobre como é a vida de fato após os quarenta para mulheres solteiras sem filhos; é perdoável que você tenha suposto que aquele "e agora?" que vem depois de não se casar e não ter filhos seja um deserto desprovido de amor e oportunidade no qual devemos sobreviver sozinhas até a morte.

Por um lado, isso talvez não seja de todo surpreendente. A mulher solteira e financeiramente independente é um fenômeno bem recente — uma mulher não era capaz nem de obter o seu próprio cartão de crédito nos Estados Unidos até 1974 — e as nossas histórias estão ainda se recuperando do atraso em relação à nossa realidade. Por outro lado, as histórias que contamos tendem a tornar invisíveis as mulheres que ultrapassaram os anos de procriação. (Se casamento e filhos são vistos como a marca de sucesso de cada mulher, apenas a mulher mais excepcional parece ser capaz de se manter solteira e sem filhos e ter isso considerado como um triunfo.)

Tenho consciência disso de maneira especial quando as minhas amigas seguem caminhos mais reconhecíveis de casamento e maternidade. Talvez seja por isso que, ao deixar para trás o meu 40º aniversário e irromper pela década adiante, eu muitas vezes me sentia como algum tipo de pioneira a explorar e povoar terras novas, impressionada com o vazio e a total ausência de sinalização pelo caminho.

O que, admito, é estimulante pra caramba na maior parte do tempo.

Eis o que me pareceu mais espantoso e para o que ninguém nos prepara: a liberdade. As mulheres de hoje em dia não são ensinadas a lidar com esse tipo de liberdade, assim como as mulheres da geração das nossas mães não eram ensinadas a administrar o seu próprio dinheiro. Nós facilitamos a liberdade dos outros — como donas de casa e ao criar os nossos filhos —, mas é raro que sejamos recompensadas por termos a nossa.

Entretanto, aos homens, ou aos homens brancos, só foi ensinado isso. É a maldita máxima dos Estados Unidos: vá para o Oeste, seja livre, cresça com o país. Como qualquer pessoa com um conhecimento apenas superficial da história norte-americana seria capaz de lhe dizer, a realidade do lema "Vá para o Oeste" era bem diferente, mas a iconografia permanece.

Enquanto isso, as mulheres são ensinadas que o seu valor está na utilidade que têm para outras pessoas: maridos, filhos ou, na ausência deles, a sociedade em geral. (Por tanto tempo, implícita na escolha de não ter filhos, tem estado a ideia de que as mulheres têm a obrigação de justificar essa decisão, devendo pensar em outra maneira para tentar tornar o mundo melhor.) Elas são ensinadas a querer se prender. Indústrias midiáticas inteiras, assim como muito da publicidade norte-americana do último século, foram construídas sobre essa premissa. Somos ensinadas que qualquer outra coisa é um fracasso ou um perigo; os homens partem em aventuras, mas as mulheres que se aventuram devem estar fugindo, na maioria dos casos, para a morte.

Entretanto, estou agora inundada de uma liberdade que eu não previa e me sinto ótima, o que, às vezes, tem sido irritante. Eu deveria me sentir tão bem assim? Não possuo nenhuma das chaves que, segundo a tradição, levam à felicidade: nenhum marido, nenhum filho. Sou sozinha, um estado que eu deveria ter passado a vida tentando evitar. Há tanto ao me redor que sugere que eu deveria me sentir diferente que, às vezes, eu questiono o meu próprio contentamento. No entanto, quando as pessoas me perguntam o que eu faço, muitas vezes me sinto tentada a responder: "O que eu quero". Isso não seria me gabar — tenho obrigações financeiras, como todo mundo, e só posso contar comigo mesma para cumpri-las —, mas, sim, uma afirmação de um fato e um lembrete de que pertenço à primeira geração de mulheres para quem isso pode ser de fato uma realidade. Contudo, sempre tenho a sensação de que descobri algum tipo de segredo — algo como: "Meu Deus, gente, é tão bom aqui, e ninguém quer que vocês saibam disso".

É por isso que eu também menciono os homens. Algo que sempre acontece ao abandonar o caminho em direção ao casamento e aos filhos é que você adentra um mundo mais amplo e interessante de homens (ou mulheres, como tem sido o caso de algumas amigas minhas). De todas as idades.

Isso não equivale a dizer que estar sozinha não é difícil demais, e, às vezes, profundamente solitário, a ponto de abalar a alma. É inevitável que haja algumas madrugadas em que é também aterrorizante. E, às vezes, é simplesmente exaustivo. Quando você é uma pessoa livre para fazer o que quer, o que acaba fazendo com frequência é cuidar de outras pessoas com menos opções. Mais de uma vez no ano passado eu me arrastei de volta para o meu apartamento, sentindo-me devastada emocionalmente, como se tivesse sido atropelada por um caminhão, pensando que valeria a pena ser casada só para ter alguém que cuidasse de mim e também que pusesse a rolha no vinho e a louça suja na máquina.

Por sorte, tenho idade suficiente para saber que, em um momento ou outro, as pessoas casadas e com filhos também sentem todas essas coisas (e como é pior se sentir solitária num relacionamento, e isso é algo de que poucas pessoas falam e que tantas vivenciam). Não importa com que frequência imaginemos o casamento como a solução dos problemas das mulheres, é apenas outra maneira de viver.

Foi quando eu fazia uma caminhada pelas montanhas Bighorn que me ocorreu que eu havia, por meio de uma combinação extrema de circunstâncias e escolhas deliberadas, me tornado o exemplo de mulher de que eu havia sentido falta. Eu estava lá, caminhando sozinha pelas montanhas, como eu fazia quase todos os dias por algumas horas, sem telefone e apenas com uma noção geral de onde eu estava (eu sempre informava alguém quando saía, para o caso de eu me perder e não voltar até anoitecer... não é piada), fascinada pelo vazio, torcendo para vislumbrar um dos coiotes que eu ouvia uivando no início das manhãs e contemplando de forma vaga a estranheza da minha situação atual. Atrás de mim, uma fila de cavalos que haviam sido soltos nas montanhas durante a noite me seguia, galgando os aclives e descendo para o vale, como se eu fosse de fato a líder deles. Não sou uma pessoa dada a mantras como os de Oprah (se eu tivesse um mantra, é provável que ele envolvesse chocolate e champanhe), mas, em determinado momento, olhei para cima e pensei: "Uau, eu adoro estar aqui na terra dos quarenta anos, solteira e sem filhos". Ou, para citar os exploradores Lewis e Clark ao avistarem o oceano Pacífico: "Oh! Que alegria!"

Glynnis MacNicol é escritora e cofundadora da plataforma *TheLi.st*. A sua obra tem aparecido em versões impressa e *on-line* de publicações que incluem *Elle.com*, da qual ela foi escritora colaboradora, *The Guardian*, *The New York Times*, *Forbes*, *The Cut*, *New York Daily News*, *Marie Claire*, *Capital New York*, *Daily Beast*, *Mental Floss*, *Outside*, *Maclean's* e *Medium*.

Minnie Pwerele, uma artista aborígene bem conhecida atualmente, tinha quase 80 anos quando pegou um pincel pela primeira vez, mas, assim que se viu com um na mão, preencheu uma tela após outra com pinceladas ousadas e cores vibrantes. Em sua breve carreira, ela se tornou uma das artistas indígenas mais celebradas da Austrália.

Minnie nasceu no início do século XX (as estimativas variam, mas é provável que seu nascimento tenha ocorrido entre 1910 e 1920) em Utopia, uma parte remota do Território do Norte da Austrália. Quando adolescente, teve um relacionamento com um homem branco casado, e os dois tiveram uma filha, Barbara Weir. O casal foi preso, já que os relacionamentos interraciais eram considerados crime, e, aos nove anos, Barbara foi retirada dos cuidados de Minnie. A menina foi parte da "geração roubada" — crianças aborígenes que foram tiradas à força das suas famílias e colocadas em lares adotivos. Minnie, que não falava bem a língua inglesa, acreditava que Barbara havia morrido. Mais tarde, Minnie se casou e teve mais seis filhos.

Na vida adulta, Barbara, que havia se estabelecido como artista, encontrou a mãe e se reconectou a ela. Numa visita ao ateliê da filha em 2000, Minnie apanhou um pincel e começou a criar as suas próprias telas, desenhando os motivos tradicionais de pintura corporal dos aborígenes, mas empregando o seu próprio floreio gestual e uma paleta multicolorida característica.

Em um ano, Minnie fez a sua primeira exposição de pintura, e sua obra se tornou requisitada de imediato. Minnie pintava de maneira prolífica e era conhecida por sua vitalidade — acordava com o nascer do sol e trabalhava o dia todo. À medida que a sua obra cresceu, Minnie enfrentou a pressão para criar. Então, passou a encorajar suas próprias irmãs, também em torno dos setenta e oitenta anos, a colaborar com ela e a criar suas próprias telas, trabalhando juntas até ela falecer em 2006.

ESTAMOS NOS MAIS VELHAS, E MAIS LIVRES A SABEDORIA VOCÊ OBTÉM E O PODER, E EN CUIDADO.

TORNANDO
E MAIS SÁBIAS,
E AO OBTER
E A VERDADE,
A LIBERDADE
TÃO — CUIDADO.

MELISSA ETHERIDGE

Paola Giantureco deixou uma carreira bem-sucedida de 34 anos na área de publicidade e comunicações corporativas para se tornar fotojornalista — aos quase 55 anos. Antes de se dedicar à fotografia, Paola havia sido diretora da Hall & Levine, uma das primeiras agências de publicidade comandadas por mulheres nos Estados Unidos, depois de um período de nove anos como vice-presidente executiva da agência internacional Saatchi & Saatchi. Após abandonar o universo corporativo, Paola publicou cinco livros fotográficos e documentou a vida de mulheres em 55 países. Um de seus livros, *Grandmother Power: A Global Phenomenon* ("O poder das avós: um fenômeno global"), recebeu o prêmio de Livro Internacional de 2013 na categoria de Não ficção Multicultural e ganhou da revista *Foreword Review* o prêmio de Livro do Ano de 2012 sobre Estudos Femininos, além de outras honrarias. Em 2013, Paola figurou na lista *40 Women to Watch Over 40* ("Quarenta mulheres com mais de quarenta anos a se observar"), e, em 2014, o site de notícias *Women's e-News* a indicou como uma das "21 líderes para o século XXI". Recentemente, ela publicou seu sexto livro.

Lisa: Aos 55 anos, você decidiu tirar um ano de licença da sua carreira em comunicações e se dedicar a fotografar e viajar, e você nunca voltou.

Paola: Eu vinha trabalhando com comunicação por quase 35 anos e, no último desses anos, eu também estava dando aulas, por isso estava, em essência, com dois empregos ao mesmo tempo. E isso teve três consequências: primeira, eu estava exausta; segunda, conquistei o equivalente a dois anos de salários em um ano, e eu disse a mim mesma: "Uau, comprei um ano para mim"; e terceira, eu havia acumulado um milhão de milhas aéreas, e o meu marido me deu os dois milhões adicionais dele. De repente, eu tinha milhas suficientes para ir a qualquer lugar do mundo, e também poderia permanecer em qualquer lugar, pois os hotéis aceitam pagamento em milhas aéreas. Pensei: "Por que não faço, por um ano somente, o que eu mais adoro e o que eu quero aprender a fazer?" E assim eu considerei aquele como o meu ano sabático.

Eu queria aprender sobre as mulheres dos países em desenvolvimento. Esse ano foi 1995, o ano da Conferência de Pequim. Não participei porque estava ministrando aulas sobre Mulheres na Liderança na Universidade de Stanford, em seminários para o Instituto de Pesquisa sobre Mulheres e Gênero. Como eu estava dando aulas para executivas num seminário de verão, estávamos acompanhando de perto a Conferência de Pequim. Uma notícia importante daquela conferência foi a de que as mulheres dos países em desenvolvimento gastavam o dinheiro que recebiam com os estudos dos filhos. Já os homens tinham a prerrogativa social de gastar o salário comprando coisas para si — como bicicletas, rádios e cerveja.

Isso ocorreu bem quando as pessoas começaram a se interessar por microcrédito. Ninguém estava escrevendo muito sobre o assunto, que era tão fascinante para mim, pois eu tinha passado a vida trabalhando para grandes corporações, e o que eu queria era escrever sobre mulheres empresárias iniciando os seus próprios negócios. E foi isso o que eu fiz no meu ano sabático, pensando com otimismo: "Ah, eu consigo fazer isso num ano".

Lisa: Você partiu naquele ano, tirou fotografias, pesquisou, entrevistou mulheres e, em algum momento, decidiu: "Não vou voltar para o meu emprego, vou continuar fazendo isso".

Paola: Eu estava passeando de carro pela rica região agrícola da Bolívia, de pé na traseira de uma caminhonete, tirando fotos do pôr do sol nessa bela área repleta de campos de trigo e, de repente, naquele momento, pensei: "Nunca fui tão feliz profissionalmente quanto agora. Não vou voltar." Quero dizer, eu estava perfeitamente contente fazendo o que eu fazia antes, tinha um bom salário e um cargo elevado — era vice-presidente executiva do que, na época, era a maior agência de publicidade do mundo. Eu não estava passando, de forma alguma, por uma crise de meia-idade. E esse foi o ponto da virada.

Lisa: Então você voltou para casa e quis começar a escrever sobre o que documentou. Como foi esse processo para você?

Paola: Durante os quatro anos seguintes, aprendi como conseguir um agente e uma editora e a escrever um livro. Tive de aprender como conseguir uma exibição num museu.

Juntei-me à diretoria do Centro de Artesanatos, que trabalhava com artesãos de 79 países de todo o mundo, e acabei por me tornar presidente dessa diretoria. Além disso, aproximei-me da diretoria da Associação pelos Direitos das Mulheres em Desenvolvimento, o que me imergiu por inteiro no contexto que, em essência, moldou o livro.

Lisa: Quanto aprendizado!

Paola: Sim! Sempre adorei a ideia de fazer algo que eu não tivesse feito antes, e, melhor ainda, que não tivesse *sido* feito antes. Por isso, estou sempre, e estive a vida toda, mergulhando na parte funda da piscina, sem saber se tem ou não água.

Essa, então, é a história do primeiro livro, e sempre tenho um arquivo com cerca de 14 ideias para livros. E quando examinei esse arquivo de 14 novas ideias, a que achei mais interessante foi a de fazer um livro que documentasse festivais que celebram as mulheres, os quais se revelaram existir em grande quantidade. Num mundo em que as mulheres são, em tantos lugares, rebaixadas e desprezadas, decidi criar um livro sobre festivais que celebram as mulheres. Isso me levou a 15 países.

Lisa: Depois de terminar *Celebrating Women* ("Celebrando as mulheres"), o seu terceiro livro aconteceu meio que por acidente.

Paola: Eu tinha visitado a Guatemala para realizar testes de fotografia para todos os livros. Passei algum tempo num verão trabalhando voluntariamente para um museu que

queria que eu documentasse as aldeias onde as tradições de tecelagem corriam risco de desaparecer. O que aconteceu foi que eu tinha pilhas de fotografias da Guatemala, e a editora me perguntou se eu gostaria de criar um livro com base nelas. Como eu já estava iniciando o que eu pensei que seria o meu terceiro livro (algo totalmente diferente), meu marido, David Hill, concordou em escrever os textos para as minhas fotografias. E o nome do livro foi *Viva Colores: A Salute to the Indomitable People of Guatemala* ("*Cores vibrantes*: uma saudação ao povo indomável da Guatemala").

Lisa: O seu livro seguinte se concentrou em algumas líderes femininas fantásticas.

Paola: É verdade, o meu quarto livro foi *Women Who Light the Dark* ("Mulheres que iluminam a escuridão"). Ele fala de mulheres que dirigem organizações sem fins lucrativos em 15 países, e que são simplesmente fenomenais, lidando com os problemas mais intratáveis. Eu estava mergulhando mais fundo nas vidas de mulheres do mundo em desenvolvimento, o qual, àquela altura, eu havia começado a entender melhor. Ali, as mulheres enfrentam problemas terríveis com o tráfico, a violência doméstica e o vírus HIV, e, diante desses problemas, criam campanhas muito motivadoras e eficazes para oferecer uma vida melhor a elas e às suas comunidades e famílias. E vi essas mulheres como heroínas. E ainda vejo.

Lisa: Então veio *Grandmother Power*.

Paola: *Grandmother Power* foi a sequência natural de *Women Who Light the Dark*. Conta a história de grupos de avós que trabalham juntas para tornar o mundo um lugar melhor para os netos. Enquanto eu trabalhava em *Women Who Light the Dark* na África, comecei a notar uma grande quantidade de avós que tomavam conta dos netos que haviam sido deixados órfãos por conta da Aids. Elas estavam em todos os lugares por onde eu passava, no Senegal, nos Camarões, no Quênia, na Suazilândia e na África do Sul. E essas eram mulheres muito pobres que estavam formando uma espécie de cooperativa para se ajudarem mutuamente. Elas criavam, por exemplo, hortas comunitárias para alimentar as crianças, ajudavam umas às outras a cuidar das crianças depois da aula, ajudavam os netos das outras a fazer a lição de casa. E pensei: "O futuro deste continente está nas mãos das avós". Isso me levou a questionar o que as avós estariam fazendo em outros lugares, e é claro que estão fazendo muito, motivadas pela intenção e pelo desejo de tornar o mundo um lugar melhor para os netos, diante de problemas muito difíceis.

Lisa: O que, na sua opinião, torna as avós tão poderosas?

Paola: Em primeiro lugar, eu acredito que o poder não é só das avós, pois, como pode ver, tenho documentado já há vinte anos o trabalho de mulheres poderosas, vigorosas e visionárias de todo o mundo. No entanto, o que acredito ser novo nesse ativismo das mulheres mais velhas é que isso não acontecia antes. No sentido de mudança política e de engajamento, vivenciei internacionalmente um grau de envolvimento que é mesmo bem novo.

Em muitos países, as avós de hoje eram parte do ativismo da década de 1960. Elas sabem que são capazes de mudar o mundo porque já fizeram isso antes. Por exemplo, as enormes mudanças que têm ocorrido desde aquela época em relação à igualdade racial e de gênero, às alterações dos papéis de gênero, aos preconceitos raciais, à discriminação e aos direitos da comunidade LGBTI+ se devem, em grande parte, às rebeliões estudantis que aconteceram naqueles anos. E essas são as mulheres que cresceram naquele tempo.

As mulheres maduras também são mais saudáveis hoje do que em qualquer momento da história. Há mais de nós do que já existiu antes. Vivemos por mais tempo. Na verdade, se formos examinar o número de novas avós todos os dias, encontraremos algo em torno de 4 mil só nos Estados Unidos. E tivemos carreiras profissionais, o que nos torna, em essência, mais eficientes do que nunca em termos estratégicos.

Lisa: Você começou a sua carreira como fotógrafa e escritora com pouco ou nenhum treinamento formal aos 55 anos de idade e, desde então, publicou seis livros muito importantes. Que conselho você daria a mulheres que estão considerando ou começando uma grande mudança tardia na vida?

Paola: Tenham coragem. Eu confiei que portas que eu nem imaginava se abririam. E essa foi uma imensa mudança em minha atitude, pois eu havia trabalhado por muitos anos para grandes corporações em que você define os objetivos, depois determina as estratégias, depois estabelece as táticas e, então, você chega lá. Não há nenhum desvio do caminho daqui para lá quando se trabalha nesse tipo de ambiente.

Por isso, foi uma grande surpresa descobrir que, ao sair desse contexto e começar a seguir o meu próprio caminho, este seria bem tortuoso! Quem diria que eu acabaria publicando livros? Nunca imaginei isso quando tirei o que pensei que seria apenas uma licença do trabalho. Portanto, você precisa se manter atenta às oportunidades e possibilidades quando estas surgirem. Tive de aprender a me manter vigilante, e então criar coragem para segui-las.

Lisa: A maioria das mulheres na sua idade não apenas se aposentou, mas o fez há dez anos ou mais. O que a inspira a continuar trabalhando?

Paola: Nunca me ocorreu parar. Para quê? Não consigo me imaginar não fazendo o que posso para tentar mudar o mundo. Seria um desperdício. Eu costumava ter um pesadelo recorrente em que Baryshnikov vinha até mim e dizia: "Não vou mais dançar", e eu chorava de medo e desespero, porque era um desperdício imenso de talento. E isso, é claro, era um reflexo do meu próprio medo. Não consigo imaginar um motivo por que, se você ainda é capaz de realizar um trabalho importante, você deva parar.

ANNE WAY

TINHA 77 ANOS QUANDO COMPLETOU UMA TRAVESSIA DE 3.200 QUILÔMETROS DE CICLISMO INDIVIDUAL DE CANTERBURY, NA INGLATERRA, ATÉ EDINBURGH, NA ESCÓCIA.

TAO PORCHON-LYNCH

COMEÇOU A ENSINAR IOGA AOS 53 ANOS E, AOS 101, É A PROFESSORA DE IOGA MAIS VELHA DO PLANETA.

EVE FLETCHER

ERA UMA ESTRELA DO SURFE AMADOR AOS 83 ANOS.

DIANA NYAD

SE TORNOU, AOS 64 ANOS, A PRIMEIRA PESSOA A NADAR DE CUBA ATÉ A FLÓRIDA SEM UMA JAULA À PROVA DE TUBARÕES.

Atletas Extraordinárias

JOAN BENOIT SAMUELSON

VENCEU A PRIMEIRA MARATONA OLÍMPICA FEMININA EM 1984. ELA CONTINUOU A CORRER POR TODA A VIDA E, NAS ELIMINATÓRIAS OLÍMPICAS NORTE-AMERICANAS DE 2008, AOS 50 ANOS, MARCOU UM NOVO RECORDE NORTE-AMERICANO NO GRUPO DE ATLETAS COM MAIS DE 50 ANOS.

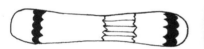

DONNA VANO

ERA, AOS 61 ANOS, A ATLETA MAIS VELHA A PRATICAR O *SNOWBOARDING* PROFISSIONAL.

GLADYS BURRILL

CORREU A SUA PRIMEIRA MARATONA AOS 86 ANOS E, EM 2010, AOS 92, SE TORNOU A MULHER MAIS VELHA A COMPLETAR UMA MARATONA, UM RECORDE QUE MANTEVE ATÉ 2015.

ERNESTINE SHEPHERD

É FISICULTURISTA PROFISSIONAL AOS 82 ANOS DE IDADE.

ROSALIND SAVAGE

SE TORNOU A PRIMEIRA MULHER A ATRAVESSAR SOZINHA A REMO OS "TRÊS GRANDES", OS OCEANOS ATLÂNTICO, PACÍFICO E ÍNDICO, AOS 43 ANOS.

HARRIETTE THOMPSON

COMEÇOU A CORRER AOS 76 ANOS E FOI A MULHER MAIS VELHA A COMPLETAR UMA MARATONA, AOS 92 ANOS E 65 DIAS DE IDADE.

OLGA KOTELKO

PASSOU A PRATICAR ATLETISMO AOS 77 ANOS E, ANTES DE MORRER, CONQUISTOU 34 RECORDES MUNDIAIS NO SEU GRUPO ETÁRIO.

Julia Child, com a sua exuberância memorável e amplo conhecimento, tornava a fina culinária francesa acessível aos cozinheiros amadores muito antes de chefs célebres e astros de programas culinários se tornarem populares. A sua própria entrada tardia na cozinha — ela só começou a cozinhar de verdade um pouco antes dos quarenta anos — a ajudou a se conectar com os espectadores e a compartilhar a sua paixão.

Julia nasceu em 1912, em Pasadena, na Califórnia. Após se formar na faculdade, queria se tornar escritora e almejava experiências além da sua educação convencional, mas ainda não havia encontrado a sua vocação no início da Segunda Guerra Mundial. Com 1,88 m de altura, Julia se desapontou ao descobrir que era alta demais para a Women's Army Corps, corporação feminina do exército, por isso se alistou no Escritório de Serviços Estratégicos (Office of Strategic Services, ou OSS) e foi convocada para servir no exterior. No Ceilão, ela conheceu outro funcionário do OSS, Paul Child, que se tornaria não apenas o seu marido, mas também seu empresário, fotógrafo, revisor, ilustrador e maior encorajador.

O caminho de Julia para se tornar um ícone da culinária começou quando o Departamento de Estado deu a Paul um cargo na França, e ela provou a primeira de muitas refeições francesas transformadoras. Criada num ambiente privilegiado em que a tarefa de cozinhar era deixada para os empregados, Julia decidiu aprender a cozinhar, tendo aulas na famosa escola Le Cordon Bleu e descobrindo o que se tornaria a sua obra de vida. Julia escreveu à irmã: "É sério, quanto mais eu cozinho, mais quero cozinhar. E pensar que levei quarenta anos para encontrar a minha verdadeira paixão (com exceção do gato e do marido)". Ela fundou uma escola de culinária e começou a colaborar com Simca Beck para adaptar as receitas francesas ao público norte-americano. O livro *Mastering the Art of French Cooking* ("Dominando a arte da culinária francesa"), resultado de uma pesquisa meticulosa e rejeitado múltiplas vezes por editoras, levou dez anos para ser finalizado.

Na época em que a sua obra foi publicada, Julia entrava nos cinquenta anos, e Paul havia se aposentado. Após uma aparição na televisão para promover seu livro, em que encantou ao público, ofereceram-lhe o seu próprio programa, *The French Chef* ("A chef francesa"). Sua voz trêmula e os derramamentos ocasionais de ingredientes faziam com que ela parecesse afável e bem humana ao público, mas Julia se preparava de maneira incansável para as gravações, dedicando horas de pesquisa e prática para garantir que as melhores técnicas fossem representadas. Ela continuou a escrever livros de culinária e a produzir e apresentar uma série de programas de televisão, conquistando o prêmio Peabody e diversos Emmys, e trabalhando com vigor até quase a sua morte em 2004, aos 92 anos.

RAÍZES VERDADEIRAS
de
Ronnie Citron-Fink

Ao me sentar ao lado dos meus colegas numa reunião de negócios em Washington, D.C., para discutir sobre produtos químicos tóxicos, logo senti um arrepio no couro cabeludo. A cientista ambiental que estávamos ouvindo começou a falar sobre o acúmulo gradual de resíduos químicos deixados em nosso corpo por produtos de cuidados pessoais. Enquanto ela disparava uma lista de substâncias químicas, deparei com uma contradição profunda na minha vida.

Trabalho para uma grande organização ambiental. Em três anos, completaria sessenta anos de idade. Por mais de 25 anos, como muitas mulheres que cuidam da própria aparência, eu havia pertencido ao grupo de 75% de mulheres norte-americanas que tingem os cabelos. A minha meta pessoal ao fazer isso era ter cabelos com "aparência natural" para complementar o meu estilo de vida natural. E assim eu gastava horas e horas, e milhares de dólares, tentando incorporar o *slogan* da empresa de tintura para cabelos: "Cores de cabelo únicas para você". Porém, a quem eu estava enganando? O que quer que houvesse de único em mim estava enterrado sob camadas e mais camadas de tintura.

"Ftalatos, parabenos, tinturas sintéticas, estearatos... Estamos apenas começando a entender como esses produtos químicos comprometem a saúde em longo prazo", entoou a cientista.

"Por que sujeitamos o nosso corpo a produtos químicos questionáveis?", indagou uma jovem colega, ao mesmo tempo em que limpava o batom dos lábios.

"As pessoas ignoram riscos potenciais por conveniência, custos, beleza", ela respondeu. "Muitos desses produtos prometem uma fonte da juventude."

Como escritora sobre o meio ambiente, eu sabia que, desde a Segunda Guerra Mundial, mais de 80 mil produtos químicos novos haviam sido inventados. Em meados do século XX, os *baby boomers* buscavam "dias felizes" naquilo que a empresa DuPont anunciava como sendo "Uma vida melhor por meio da química". Foi apenas quando o livro pioneiro de Rachel Carson, *Primavera silenciosa*, foi publicado em 1962 que o princípio acautelador de preservar aquilo de que precisamos para sobreviver — e amar o que precisamos proteger — passou a ser promovido.

A maioria das pessoas supõe que as substâncias químicas presentes nos produtos foram testadas e comprovadas como sendo seguras, mas esse não é o caso. É provável que Carson se espantasse ao descobrir que, cinquenta anos após o seu alerta ambiental, nos mostramos ainda indecisos quanto a substâncias químicas perigosas. Por quê? Porque acreditamos que a presença de um produto no mercado significa que ele foi aprovado ou examinado de alguma maneira, quando, na verdade, a maioria esmagadora das substâncias químicas — e em especial daquelas em cosméticos — nunca foi testada de modo independente para verificar se são seguras.

A Food and Drug Administration (FDA — Administração de Alimentos e Medicações dos Estados Unidos) "regulamenta" a segurança de maquiagens, hidratantes, higienizadores, esmaltes para unhas e tinturas para cabelos. No entanto, de acordo com o seu próprio *website*, "a FDA não tem a autoridade legal para aprovar cosméticos antes que entrem no mercado", e, além disso, afirma que "as empresas podem utilizar quase qualquer ingrediente que escolherem". Os produtos de cuidados pessoais formam uma indústria de 50 bilhões de dólares nos Estados Unidos, e espera-se que a indústria de cosméticos policie a si mesma. Esperamos que os nossos representantes eleitos aprovem regras rígidas para proteger os cidadãos daqueles que se beneficiariam em termos financeiros ao nos envenenar, mas essas expectativas nem sempre se traduzem em realidade.

Aquela reunião em Washington fez com que eu despertasse. Compreendi que era hora de assumir; hora de reconciliar o meu conhecimento sobre o submundo das toxinas ao consumidor — um sumidouro profundo disfarçado de fonte da juventude — com a realidade do meu dia a dia e com o que eu estava fazendo com o meu corpo. Jurei ali mesmo que deixaria de tingir o meu maior trunfo de beleza — meus cabelos longos de denso tom escuro. Assim que a reunião acabou, corri da sala de conferências e telefonei para o salão de beleza. A minha única esperança era que a minha vaidade encontrasse uma maneira de acompanhar as minhas crenças arraigadas quanto à saúde ambiental.

Convencida de que a minha cabeleireira de confiança teria no bolso, junto da tesoura, uma estratégia para "ficar grisalha" — mais um item da sua coleção aparentemente infindável de conhecimentos de antienvelhecimento —, fui ao salão. Vi-me cercada pelo zumbido familiar dos secadores gerando um calor brando, pelos aromas de misturas químicas para tingir os cabelos e pela visão daquelas horripilantes amostras de cabelo artificial em vários tons — tudo agora dando a impressão de uma coreografia de dança antiga e fora de ritmo.

Enquanto planejava como pôr em palavras o meu pedido de renúncia e desistência, vi a minha cabeleireira com a capa e as luvas protetoras por trás de uma parede baixa. Ela mexia com a sua varinha mágica uma gosma salobra que serviria para cobrir as minhas raízes.

"Só uma aparada hoje; eu gostaria de parar de tingir". Contive o fôlego enquanto ela examinava com atenção as minhas raízes. Aquelas raízes. Aquelas que começariam a crescer no instante em que eu saísse pela porta.

"Como você gostaria de fazer isso?", ela perguntou docemente, como se eu não tivesse acabado de jogar um coquetel molotov no meu mundo de cores de cabelos.

Olhando em volta em busca de respostas, notei os cartazes nas paredes destacando um "juvendaval" de modelos com cabelos sedosos e sensuais tentando-me a adotar "cores vibrantes e resistentes com brilho fantástico". Onde estavam as mulheres maduras, elegantes e modernas que haviam aparecido recentemente nas páginas do The New York Times? As mulheres interessantes descritas como "mulheres que se divertem. [Os cabelos brancos] refletem a sua confiança, a tranquilidade para serem quem são".

Dei-me conta de que eu lia aqueles cartazes há anos — a existência do tingimento de cabelos me fitando nos olhos — e, mesmo assim, eu nunca havia pedido para examinar os ingredientes da minha própria tintura. Em retrospecto, eu não tinha bem certeza de como eu havia conseguido aquele nível de negação — eu, a ativista ambiental que lê cada rótulo como um agente do FBI reabrindo um caso antigo, concentrando-se em busca de novas pistas.

...fenilenodiamina-persulfatos-peróxido-de-hidrogênio-acetato-de-chumbo...

Agora, à medida que eu afinal lia os nomes das substâncias químicas na ficha de segurança, as fronteiras entre as palavras se confundiam num único borrão caótico. Com a visão embaralhada, mal escutei o plano de transição da cabeleireira.

"Você tem duas opções: luzes baixas ou cortar. Ronnie...", disse ela com uma intimidade que me deu arrepios, "você adora os seus cabelos compridos, e o grisalho vai apagar a sua tez. Por isso, sugiro um efeito multitonal, algumas luzes baixas e um corte mais curto. Senão, você vai passar a impressão de ter desistido de tudo".

As mulheres não *permitem* que os seus cabelos se tornem brancos. Eles crescem assim. Tingi-los é uma ilusão para mostrar que não desistimos. A minha cabeleireira detinha um papel exagerado na minha beleza, na minha vida. Ouvindo-a, era fácil acreditar que um único passo em falso me lançaria num abismo de intermináveis dias com cabelos horríveis. Com medo de perder a coragem, exclamei, talvez um pouco alto demais: "Vou só deixar crescer! Natural. Sem cor." Apesar do rumor dos secadores, várias cabeças se voltaram na minha direção.

Deixei o salão com apenas uma aparada, alimentada pela minha consciência desenterrada. O fato de que as minhas noções de beleza e identidade poderiam se voltar contra mim à custa da minha saúde era bem real. Eu precisava encontrar um meio de levar a minha cabeleira exigente do castanho mais escuro ao "natural" (fosse isso o que fosse) sem o auxílio intermediário de tinturas.

Eu sabia que era só uma questão de tempo até que uma cauda de gambá passasse a residir na minha cabeça. Apesar do meu desejo de me livrar dos produtos químicos, a história da minha "aparência juvenil" que em breve partiria suscitou perguntas perturbadoras.

"Devo listar isso como outro momento de rendição à menopausa? Há uma maneira de solucionar

AS fLORES NÃO SABEM QUE DESABROCHAM tarDE. É SEMPRE A ÉPOCA CERTA PARA ELAS.

DEBRA EVE

o problema de como lidar com as minhas raízes que logo emitirão o seu brilho lunar? Será que consigo resistir à tentação de uma intervenção com tinturas, um conserto... um elixir não muito ruim que, no fim das contas, só vai me empurrar de volta à pia com a água negra descendo pelo ralo? Será que a maldita gosma escura já deixou os danos compensatórios no meu corpo? No meu planeta? E... falando sério... quão velha vou parecer?!?"

Eu estava determinada a não me tornar um experimento de ciências, mas ainda me debati com essas perguntas pelas duas semanas seguintes. Àquela altura, as raízes prateadas e brilhantes revelavam com zombaria que esse processo seria nada menos que uma meditação sobre paciência. Não se tratava apenas de deixar os meus cabelos crescerem. A própria natureza pública do que eu estava fazendo elevava o valor da aposta, revelando sacrifício e aceitação.

"Você está de cabelo branco para se tornar mais ecológica?", perguntou uma velha amiga com toda a seriedade.

"Creio que dá para dizer que sim. A mistura melequenta aplicada no nosso couro cabeludo durante o processo de tingimento dos cabelos só tem dois lugares para ir — para dentro do corpo e pelo ralo abaixo —, um golpe duplo contra o meio ambiente. Você não se preocupa?"

Com a minha consciência recém-desperta, eu batia, em segredo, a mão contra a testa, pensando: "Não estão todos preocupados?"

"A minha mãe tem 85 anos. Ela ainda tinge os cabelos. Creio que o tom seja 'Fulvo Frívolo'", respondeu a minha amiga.

"Andei pesquisando", observei, "e mais de 5 mil substâncias químicas, algumas que são cancerígenas para animais, são utilizadas em tinturas para cabelo. O couro cabeludo tem um rico suprimento de sangue, e é provável que absorver a tintura a cada poucas semanas tenha um impacto na nossa saúde. Além disso, a American Cancer Society (Sociedade Norte-Americana contra o Câncer) diz que o Programa de Toxicologia Nacional classificou algumas substâncias químicas que são, ou eram, utilizadas em tinturas para cabelo como tendo 'expectativas razoáveis de serem carcinogênicas para seres humanos'".

"Então por que todos continuam a tingir?", questionou ela.

"Sabemos que a exposição a certas toxinas ambientais está ligada a doenças. Somos cobaias. Para o quê? Beleza!"

A isso, a minha amiga respondeu: "Cada um com seu próprio gosto".

Depois daquela conversa, passei a suspeitar de que eu não venceria nenhum concurso de popularidade se, a cada mulher que questionasse a minha decisão, eu recitasse uma lição de química.

Em vez disso, desenvolvi um "radar para cabelos brancos". Comecei a identificar mulheres vivendo as agruras de todos os estágios da transição para a cor natural. Eu as via no supermercado, no trem, nas redes sociais, em artigos de revistas. Passei a amar essas mulheres não retocadas. Elas desafiavam as regras, abraçavam a ciência e reimaginavam a beleza. E vê-las ao meu redor me ajudou a aceitar a minha própria lenta jornada.

Enfrentar uma transição capilar significa encarar uma litania de verdades e consequências — transpondo os precipícios da idade, da beleza e da saúde. Ao exibir as minhas raízes verdadeiras, juntei-me a uma irmandade de mulheres que saltam do precipício para a meia-idade em público. Isso costumava parecer uma queda muito grande. Mas já não é tanto, felizmente.

Ronnie Citron-Fink é escritora e diretora editorial do programa Moms Clean Air Force (Força de Mães pelo Ar Limpo) da organização sem fins lucrativos Environmental Defense Fund (Fundo de Defesa Ambiental) e fundadora do blog *Econesting*. Recentemente, Ronnie lançou seu novo livro, *TRUE ROOTS: What Quitting Hair Dye Taught Me About Health And Beauty* ("RAIZES VERDADEIRAS: O que parar de tingir o cabelo me ensinou sobre saúde e beleza").

Mary Delany tinha 72 anos quando, durante a era do Iluminismo, no século XVIII, notou como um pedaço de papel colorido combinava com a pétala que havia caído de um gerânio, inspirando-a a criar o primeiro de quase mil mosaicos de papel cortado com temas botânicos, representados com riqueza de detalhes, dando origem à arte da colagem como a conhecemos hoje.

O início da vida de Mary soa como um romance de Jane Austen. Nascida na Inglaterra em 1700 numa família aristocrática de poucos recursos, ela passou a infância com parentes aprendendo música, bordado e dança, na esperança de se tornar uma dama de companhia na corte. Mas, em vez disso, sua família lhe arranjou um casamento, aos 17 anos, com um fidalgo bêbado, 45 anos mais velho, a quem ela descrevia em cartas como "meu carcereiro". Aos 23 anos, viu-se viúva e praticamente sem recursos financeiros, o que a forçou a morar na casa de parentes e amigos. Nos vinte anos seguintes, Mary pôde buscar seus próprios interesses e saborear sua independência, além de cultivar amizades com Jonathan Swift, Händel e a duquesa de Portland.

Aos 43 anos, conheceu Patrick Delany, um sacerdote irlandês por quem se apaixonou e, anos mais tarde, se casou. O casal se mudou para Dublin, e os dois se entregaram ao entusiasmo que compartilhavam por plantas e botânica, cuidando de uma propriedade com um jardim exuberante, até a morte de Patrick, 25 anos mais tarde. Viúva pela segunda vez aos 68 anos, Mary se apoiou na amizade com a duquesa de Portland, que havia acumulado uma coleção impressionante de espécimes de história natural e que compartilhava do amor de Mary por belas-artes e decoração.

Embora Mary fosse dotada de uma veia artística — criando elegantes vestidos, bordados e silhuetas recortadas —, foi a descoberta do uso de camadas diversas de papel para ilustrar a complexidade delicada das flores que se tornou o seu meio de expressão e verdadeira paixão. "Inventei uma nova maneira de imitar as flores", escreveu ela, aos 72 anos, à sobrinha, com grande entusiasmo. Ela utilizava papel tingido à mão e sobras de papel de parede para compor as ilustrações com um detalhamento incrível, aplicando centenas de pedaços de papel para cada imagem, criando, ao mesmo tempo, belas obras de arte e documentos botânicos precisos. E mesmo enfrentando alguns problemas de visão no fim da vida, Mary continuou a sua delicada obra até falecer, em 1788.

A famosa autobiografia de *Cheryl Strayed*, *Livre: a jornada de uma mulher em busca do recomeço*, foi publicada quando ela tinha 43 anos. Ao todo, foram dois anos e meio para colocar no papel os passos, desafios e revelações que enfrentou por três meses durante a caminhada de 1.770 quilômetros do deserto de Mojave até a região noroeste do Pacífico dos Estados Unidos — e o livro levou cerca de dois minutos para entrar para a lista de *best-sellers* do *The New York Times*. Nos meses seguintes, Cheryl conviveu com a fama instantânea — desde a seleção para o Oprah's Book Club 2.0 até a adaptação cinematográfica de sua obra, estrelada pela atriz Reese Witherspoon e pelo roteirista Nick Horby. O livro é um *best-seller* internacional, tendo recebido o prêmio de revelação da Barnes & Noble e o Oregon Book Award. Cheryl é também autora de *Pequenas delicadezas: conselhos sobre o amor e a vida* e *Brave Enough* ("Corajosa o bastante"), ambos *best-sellers* listados pelo *The New York Times*. O seu primeiro romance, *Torch* ("Tocha"), foi publicado em 2007. Seus ensaios têm sido publicados na *The New York Times Magazine*, no *Washington Post*, na *Vogue* e na *Tin House*, entre outros, e a sua obra foi incluída três vezes em *The Best American Essays*. Entre 2010 e 2012, foi a autora anônima da popular coluna de conselhos de *The Rumpus*, para a qual ela hoje coapresenta um *podcast*. Vive e escreve atualmente em Portland, no Oregon.

Lisa: Você escreveu por muitos anos, mas foi somente um tempo atrás, aos quarenta e poucos anos, que você publicou o livro que a tornou conhecida. Encontro muitos artistas jovens que imaginam que, se conseguirem elaborar alguma fórmula mágica, conquistarão o "sucesso instantâneo". Como você descreveria o papel do propósito, do trabalho e da paciência na sua própria jornada?

Cheryl: Eu era uma escritora bem-sucedida muito antes de *Livre* ser publicado. O que aconteceu com *Livre* não foi "sucesso". Foi um raio maluco que me atingiu. Sempre me surpreendo quando as pessoas sugerem que eu obtive o sucesso aos quarenta anos. Na realidade, eu tive uma trajetória profissional ascendente bem estável como escritora, e tudo isso aconteceu porque eu trabalhei todos os dias. Comecei a publicar quando tinha uns vinte anos. Aos trinta e poucos anos, já havia ganhado muitos prêmios e subsídios, e estava escrevendo para revistas respeitadas, além de ter completado meu mestrado de belas-artes em escrita criativa. Ainda com trinta e tantos anos, vendi a uma grande editora o meu primeiro romance, que recebeu a atenção de muitos críticos e vendeu bem. Enquanto isso, eu continuava a publicar ensaios em veículos importantes e também estava ensinando escrita. Era conhecida na comunidade literária. Então, *Livre* aconteceu e, com ele, veio a fama e um público internacional muito maior. Foi impressionante e

NOSSO PODER ESTÁ EM COMO VIVEMOS NOSSAS VIDAS. COMECEM A VIVÊ-LA. — CHERYL STRAYED glorioso, mas, para mim, não marcou o início da minha consagração como escritora. Eu já era uma e continuo sendo — trabalhando duro. Essa é a fórmula mágica: trabalho.

Lisa: Uma das lições mais transformadoras que aprendi nos últimos dez anos é o poder de abraçar *toda* a minha experiência de vida, e isso é algo sobre o qual você também escreve. Por que essa ideia de assumir e aprender a amar toda a sua experiência (mesmo aquilo que nos faz estremecer ou que, em geral, nos deixa envergonhadas), por que isso é tão importante?

Cheryl: Há muito tempo, acredito que os nossos erros e fracassos nos ensinam tanto quanto as nossas vitórias e sucessos. Quando você compreende totalmente o seu potencial — tanto como alguém que poderia ser fantástico quanto como alguém que, às vezes, não é tão brilhante assim —, você consegue dedicar toda a sua força em tudo o que faz.

Lisa: Qual é a melhor parte do envelhecimento para você?

Cheryl: Sentir mais segurança sobre quem sou. Sentir-me mais forte ao aceitar que vou desapontar as pessoas. Não me esconder tanto atrás de uma fachada. Ser mais gentil comigo mesma e com os outros também.

Lisa: Qual é, na sua opinião, a relação entre o perdão e a habilidade de envelhecer com alegria?

Cheryl: Escrevi muito sobre o perdão e, na prática, tudo se resume ao fato de que, quando você não consegue perdoar as pessoas que te feriram (ou se perdoar pelas feridas que causou aos outros), você permanece travada nessa batalha. Na verdade, perdoar é, para mim, aceitar. Aceitar que o que é verdadeiro é verdadeiro. É dizer: "foi isso que aconteceu", e seguir em frente.

Lisa: Quais são as três maiores lições que você aprendeu nos últimos dez anos?

Cheryl: 1. Dizer "não" é uma forma de dizer "sim". 2. As nossas ideias a respeito das pessoas famosas são projeções de quem somos, não um reflexo de quem elas são. 3. Todos enfrentam batalhas. Todos se magoam. Todos querem ouvir que tudo vai dar certo.

Lisa: Que conselho você tem para as mulheres que temem envelhecer?

Cheryl: O medo de envelhecer está ligado à falsa noção de que o poder de alguém está enraizado naquilo que a juventude lhe oferece — ou seja, a beleza. Meu conselho seria ver isso como a mentira que sempre foi. Nosso poder nunca está em quão belas somos. Nosso poder está em como vivemos nossas vidas. Comecem a vivê-la.

AVENTUREIRAS, CIENTISTAS e ATIVISTAS EXTRAORDINÁRIAS

DRA. RUTH WESTHEIMER
TINHA 77 ANOS QUANDO COMPLETOU UMA TRAVESSIA DE 3.200 QUILÔMETROS DE CICLISMO INDIVIDUAL DE CANTERBURY, NA INGLATERRA, ATÉ EDIMBURGO, NA ESCÓCIA.

ALEXANDRA DAVID-NÉEL,
AOS 56 ANOS, DISFARÇOU-SE DE CAMPONESA E CAMINHOU PELO HIMALAIA PARA SE TORNAR A PRIMEIRA MULHER OCIDENTAL A VISITAR A CIDADE TIBETANA DE LHASA, EM 1924.

ANNA LEE FISHER
ERA, AOS 67 ANOS, A MAIS VELHA ASTRONAUTA NA ATIVA.

AGATHA CHRISTIE
FEZ, AOS 40 ANOS, UMA PAUSA NA SUA CARREIRA DE ESCRITORA PARA SE TORNAR ARQUEÓLOGA, VIAJANTE INTERNACIONAL E AVENTUREIRA.

COLETTE BOURLIER
COMPLETOU O DOUTORADO EM GEOGRAFIA AOS 90 ANOS, DEPOIS DE RECEBER A MENÇÃO DE "ALTA DISTINÇÃO" EM SUA TESE DE 400 PÁGINAS ESCRITAS À MÃO.

MARIA SIBYLLA MERIAN
AOS 52 ANOS, NAVEGOU DE AMSTERDÃ ATÉ O SURINAME PARA ESTUDAR E DESENHAR INSETOS E PLANTAS TROPICAIS, NO FIM DO SÉCULO XVII.

ROSE WILL MONROE,
TAMBÉM CONHECIDA COMO ROSIE THE RIVETER (ROSIE, A REBITADEIRA), REALIZOU O SONHO DE TODA A SUA VIDA AO PILOTAR UM AVIÃO EM 1970. ELA TINHA 50 ANOS DE IDADE.

MELCHORA AQUINO,
TAMBÉM CONHECIDA COMO A "GRANDE DAMA DA REVOLUÇÃO FILIPINA", OFERECEU REFÚGIO A DOENTES E FORNECEU UM LOCAL PARA AS REUNIÕES DOS REVOLUCIONÁRIOS. TINHA ENTÃO MAIS DE OITENTA ANOS.

BARBARA HILLARY
SE TORNOU A PRIMEIRA MULHER AFRO-AMERICANA A VIAJAR TANTO AO POLO SUL QUANTO AO POLO NORTE — AOS 75 E 79 ANOS DE IDADE, RESPECTIVAMENTE.

Madonna Buder, também conhecida como a "Freira de Ferro", a "Freira Voadora" e a "Madre Superiora do Triatlo", faz parte das Irmãs da Comunidade Cristã em Spokane, no Estado de Washington. Em 2012, aos 82 anos, ela se tornou a pessoa mais velha a completar o triatlo Ironman — são 3,8 quilômetros de natação em mar aberto, 180 quilômetros de ciclismo e 42 quilômetros de corrida —, tudo dentro de um período de 17 horas.

Marie Dorothy Buder nasceu em Saint Louis, no Missouri, em 1930. Aos 23 anos e contra a vontade da família, professou seus votos à Igreja Católica e se tornou freira junto às Irmãs do Bom Pastor, em Saint Louis. Lá serviu até que a ordem a enviasse a Spokane no início da década de 1970. Foi aí que ela deixou o convento para se juntar às Irmãs da Comunidade Cristã, uma ordem não tradicional.

Aos 48 anos, encorajada por um sacerdote que detalhou os benefícios da atividade física à mente, ao corpo e ao espírito, Irmã Madonna começou a correr. Apenas cinco semanas após o início do treinamento, disputou a sua primeira corrida — a Lilac Bloomsday, em Spokane. Ela continuou a treinar e completou o seu primeiro triatlo em Banbridge, na Irlanda, aos 52 anos: o percurso era montanhoso; a água, gelada; e ela realizou a prova de ciclismo numa bicicleta masculina de segunda mão que havia comprado num leilão da polícia. Desde aquela corrida em 1982, sentiu-se fisgada, completando mais de quarenta maratonas e cerca de 360 triatlos, incluindo 45 competições Ironman.

No decorrer da carreira como triatleta, foi pioneira na participação em vários grupos etários do Ironman, inaugurando a corrida para as mulheres com 60, 70, 80 anos. Aos 75, foi a mulher mais velha a completar um circuito Ironman, recorde que veio a quebrar no ano seguinte aos 76, e de novo aos 79. Ela estava determinada a abrir o grupo de mulheres na faixa dos oitenta anos, e o fez no Ironman Canadá em 2012, mesma corrida em que conquistou o recorde mundial e se tornou a pessoa mais velha a competir num evento Ironman. Irmã Madonna entrou para o Hall da Fama do Triatlo dos Estados Unidos em 2014.

Zoe Ghahremani, aos 50 anos de idade, deixou para trás uma carreira de duas décadas em odontologia para se tornar escritora em tempo integral. Em 2000, ela vendeu o consultório, demitiu-se do emprego de professora e se mudou de Chicago para San Diego. Hoje é autora de dois romances, *Sky of Red Poppies* ("Céu de papoulas vermelhas"), vencedor do prêmio One Book, One San Diego de 2012, e *The Moon Daughter* ("A filha da lua"), que venceu na categoria de Melhor Ficção no San Diego Book Awards de 2015. Ela também conquistou o primeiro lugar na prestigiada premiação California Stories, e, em 2004, sua obra recebeu o prêmio de Melhor Ficção na Conferência de Escritores de Santa Barbara. Nascida e criada no Irã, Zoe escreve tanto em persa quanto em inglês, utilizando a ficção como um meio para explorar a experiência das mulheres iranianas. Centenas de seus contos e artigos têm despontado em publicações nos Estados Unidos e no exterior, e ela tem feito palestras em universidades por todo o país, inclusive na Universidade de Georgetown, na Universidade da Califórnia, em Berkeley, e na Universidade de Chicago, entre outras. Foi colunista da revista *ZAN* e está trabalhando em duas obras de ficção no momento.

Lisa: Vamos começar falando sobre a sua carreira como dentista. Você estudou e praticou odontologia por duas décadas. Até mesmo ensinava odontologia na Universidade Northwestern. Como escolheu essa como a sua primeira carreira?

Zoe: Cresci no Irã, onde uma ditadura governava a família, por isso ser uma boa aluna significava estudar medicina, odontologia, engenharia e coisas assim. Eu adorava literatura. Fui escritora a vida toda, desde a escola primária. E queria ser escritora quando adulta, mas a minha família não queria nem me ouvir falar disso, pois: "O que a literatura vai fazer por você? No máximo, vai ser professora. Quem quer ser professor? Você tem a capacidade de se tornar médica." Portanto, eu não tive escolha. O melhor que pude fazer foi reduzir a minha sentença da medicina para a odontologia.

Quando me mudei para os Estados Unidos para me casar (eu havia conhecido o meu marido em Londres), informaram-me: "Se quiser trabalhar como dentista, precisa obter os certificados norte-americanos". Levei dois anos para obter esses certificados e, àquela altura, eu havia me esforçado tanto que eu precisava colher algum benefício trabalhando. Por isso trabalhei como dentista por muitos anos.

Então, certo dia, quando tinha 50 anos, eu seguia de carro para o meu consultório (e eu era muito bem-sucedida, com cerca de cinco mil pacientes regulares), escutando a rádio pública, WBEZ em Chicago, e alguém citou a famosa frase: "Se você sempre quis fazer algo, faça". É um clichê, mas senti como se o mundo tivesse desabado sobre mim. "Por que estou indo para o meu consultório odontológico?" Pois, ao mesmo tempo, eu mantinha um gravador pendurado no meu espelho retrovisor para, durante o trajeto, ditar passagens de *Sky of Red Poppies*, meu primeiro romance, para que a minha secretária transcrevesse. Comecei a pensar: "O que você está fazendo? Você não precisa mais ser dentista!" E esse foi o dia em que pus o meu consultório à venda.

Lisa: Literalmente, no mesmo dia?

Zoe: No mesmo dia, publiquei o anúncio de venda do meu consultório. A minha secretária pensou que algo tinha me acontecido e me feito perder a cabeça, pois entrei na sala de espera, entreguei-lhe a fita do dia anterior e disse: "Por favor, digite isso, mas, enquanto isso, por que não digita também um anúncio para vender o consultório?" Ela me perguntou: "O que aconteceu, doutora? O que houve?!" Respondi: "Nada, apenas acabei de decidir".

Lisa: Você disse que sempre foi escritora e que adorava escrever desde menina.

Zoe: É verdade. E sabe o que é interessante? Nunca, nunca, em nenhum dos meus sonhos eu era dentista. Acredita nisso? Nunca. Isso lhe dá uma noção do quanto eu não era dentista no meu coração.

Eu era a mais nova de sete filhos e perdi meus pais ainda bem jovem. No Oriente Médio, você deve respeitar os irmãos mais velhos. Se eles lhe dizem para se calar, você não responde: "Cale-se você". Você deve se manter em silêncio. Por isso, eu escrevia as minhas reações no meu diário. No entanto, o fato é que, quando eu era criança, todos sabiam que eu carregava a poesia e a escrita dentro de mim.

No Ensino Fundamental, escrevi um romance (eram histórias sempre bem, bem sombrias), e a professora gostou tanto que todas as aulas de literatura terminavam dez minutos antes para que eu lesse episódios do meu romance para a classe.

Mais tarde, escrevi outro romance. Infelizmente, esses dois manuscritos desapareceram. Naquela época, eu escrevia à mão e tinha só uma cópia, de forma que, se esta se perdesse, era o fim. E, na verdade, a única cópia da história que escrevi sobre uma menina muda foi uma amiga que fez a caligrafia para mim, e os meus colegas de classe ainda se lembram da história. Assim, sempre fui bastante encorajada por meus professores de literatura e nunca desisti.

A minha família não queria que eu fosse escritora, por isso eu escrevia contos para uma revista sob um pseudônimo. Eu me chamava "Pássaro Solitário", e pouquíssimas pessoas sabiam que era eu. Parte da minha obra ganhou popularidade. A minha poesia conquistou prêmios e tudo o mais, mas sempre que eu mencionava a questão de estudos de literatura, a resposta era um não absoluto. Agora que sou mãe, penso que parte do motivo talvez fosse porque os meus poemas e contos eram tão sombrios, tão tristes, que a minha família não queria me incentivar nessa direção. Eles queriam que eu seguisse na direção oposta e enfrentasse as realidades da vida. Espero que isso tenha sido parte do motivo deles.

Lisa: Agora que é mais velha, como se sente?

Zoe: Comecei a viver! Quando me perguntam a idade, digo que sou jovem. Pois comecei de fato a viver quando o meu primeiro livro foi publicado, em 2000.

Lisa: A sua escrita se concentra na cultura e na história iraniana, com a experiência das mulheres como ponto de vista. Como a sua experiência como imigrante influencia a sua escrita?

Zoe: A minha história como imigrante é um pouco diferente da maioria ou, pelo menos, da maioria dos imigrantes iranianos de quem ouço falar. Mudei-me para cá anos antes da revolução islâmica e das mudanças que se seguiram. Quando eu vivia lá, todos terminavam seus estudos no exterior e voltavam para o Irã para preencher todos os bons empregos. Eu vim aqui para me casar, e o maior ponto negativo nesse casamento foi que eu não viveria no Irã. Por isso, a imigração foi um passo difícil e um favor que fiz ao meu marido, mudar-me para onde ele queria morar.

O lado positivo foi a nova forma de vida — a pureza dela. Pois, quando se mora no exterior, não se vê nada disso. Você vê os norte-americanos como pessoas controladoras que só se importam com o dinheiro, e nada é belo ou natural. E aí você vem para cá e conhece um mundo completamente diferente. Eu adorei. Eu o aceitei. E faço isso até hoje. Portanto, a imigração teve aspectos positivos e negativos. E outra diferença foi que eu não enfrentei uma barreira linguística ou um choque cultural.

Eu havia crescido em meio a uma cultura em grande parte europeia — não precisei me adaptar à comida, ao idioma ou ao estilo de vida.

Então, por que escrevo sobre o Irã? Os escritores sempre sugerem que se escreva sobre o que se conhece melhor. As histórias que escrevo sobre o Irã ninguém mais saberia escrever. São as minhas histórias, são o que conheço melhor. Claro, eu poderia escrever uma história sobre o povo de La Jolla, onde moro no momento, e os personagens, as pessoas da minha vizinhança, mas muitos outros escritores poderiam escrever essas histórias, e muito melhor do que eu.

Os meus leitores dizem com frequência que as minhas palavras os levam para um mundo diferente. Não é isso que todo escritor deveria fazer? E é por isso que me concentro em questões relacionadas ao Irã.

Lisa: Você é uma escritora diferente agora em comparação com quando era mais jovem?

Zoe: Em muitos aspectos. Em primeiro lugar, quando me mudei para cá, decidi passar da escrita em persa para o inglês. O meu primeiro livro foi em persa, mas agora eu queria escrever em inglês, em especial *Sky of Red Poppies*, pois o escrevi em grande parte com os meus filhos em mente. Pensei: "Mesmo que ninguém mais leia, quero pegá-los pela mão e conduzi-los de volta a uma vida e época que nunca verão". Escrevi o livro para eles, sem saber que tantas pessoas o apreciariam. Quando me mudei para La Jolla, a primeira coisa que fiz foi me matricular num curso de escrita criativa na Universidade da Califórnia, em San Diego. Logo descobri que há uma enorme diferença entre escrever em inglês e escrever em persa: os estilos são diferentes, as regras são outras.

Ao ganhar experiência, a minha escrita passou a não ser mais sobre mim. O que eu escrevia quando jovem era sempre pessoal. Quando crescemos e vivenciamos o mundo, torna-se mais interessante escutar do que falar. Você escuta e ouve novas vozes. Seja no seu passado, seja no seu presente, seja no seu futuro, há muitas vozes a serem ouvidas. Elas se tornam mais importantes do que a sua própria voz. Em *Sky of Red Poppies*, tornei-me a voz da minha melhor amiga do Ensino Médio. *The Moon Daughter* é a voz de uma mulher que conheci. Quero dizer, são livros de ficção, e não escritos exatamente como aconteceu, mas as vozes são autênticas. O livro que estou finalizando agora, *The Basement* ("O porão"), é a voz da classe trabalhadora.

Lisa: Você fala publicamente sobre os seus sonhos. Que conselho você oferece a mulheres maduras que estão considerando uma nova carreira ou pensando em transpor barreiras para escapar e remodelar a vida de uma forma significativa?

Zoe: Às vezes, sou convidada a ir a casas de repouso, onde encontro um público mais velho e que tem muitas perguntas. Você se surpreenderia com o número de escritores que existe entre eles! E o que eu lhes digo é que tudo depende de como você encara a situação. Eu poderia ter considerado a minha carreira como um assunto encerrado: "Tornei-me dentista, nunca me tornei escritora, portanto o meu tempo acabou". E olhe para mim agora, quatro livros mais tarde, estou desfrutando de uma carreira bem-sucedida como uma escritora feliz!

E o que me levou a isso foi ter decidido que, se me restasse apenas um dia, era assim que eu gostaria de vivê-lo. Somos desencaminhados o tempo todo pelas estatísticas e pensamos: "Certo, aquele adolescente pode sonhar em se tornar isso ou aquilo, mas, para mim, que sou mais velha, acabou". Entretanto, quem garante isso? Pergunto ao meu público algo que li certa vez num cartão de aniversário: "Quantos anos você teria se não soubesse quantos anos tem? E lhe digo, se não tivesse uma certidão de nascimento, e não tivesse nenhuma lembrança, e não existissem espelhos, e alguém lhe abordasse na rua e lhe perguntasse: 'Quantos anos você tem?' — o que você responderia?" E quando pensam nisso, invariavelmente se veem vinte anos mais jovens do que consta na certidão de nascimento.

A expectativa média de vida, em especial para as mulheres, é entre oitenta e noventa anos. Eu digo a elas: "Algumas de vocês têm sessenta anos, e o que vão fazer pelos próximos trinta? Vão ficar sentadas e se remoer pelo que não aconteceu ou fazer com que aconteça agora?" Há certas coisas que não temos como fazer. Se você quiser ganhar uma medalha nas Olimpíadas, mas está com setenta anos e nunca moveu um dedo, não vai dar certo. Porém, se é escritora, se tem o sonho de viajar, se é artista, há muito que você pode fazer. É tão recompensador saber que você *viveu* o momento com o qual sonhou!

NÃO NOS TORNAMOS MAIS VELHOS COM O PASSAR DOS ANOS, MAS MAIS NOVOS A CADA DIA.

EMILY DICKINSON

MENINA, VOCÊ NÃO SABE DE NADA

de

Tara Rodden Robinson

"Menina, você não sabe de nada."

Esse foi o comentário da mamãe, enunciado em seu forte sotaque sulista, em resposta a uma sessão recente de autopiedade de minha parte. Em minha defesa, minha mãe tem 83 anos, de forma que a perspectiva dela sobre o envelhecimento é bem diferente da minha própria, aos 54 anos.

As minhas queixas sobre envelhecer incluíam o desgaste da resistência física, a aparição de linhas finas em torno dos olhos (para não mencionar uma ruga de profundidade espantosa entre as sobrancelhas) e as despesas com serviços profissionais para tingir os cabelos. A experiência da minha mãe com o envelhecimento é mais séria: articulações rígidas e dor muscular, solidão e preocupações a respeito da excentricidade do mercado de ações e como esta lhe afeta as economias.

Tenho o cuidado de não me lamuriar muito na presença da minha mãe, porque ela projeta uma opinião previsivelmente desfavorável das minhas angústias sobre o envelhecimento em comparação às dela. Não a culpo. Estou certa de que devo soar como a adolescente mimada que ela às vezes ainda parece ver quando olha para mim.

Contudo, envelhecer não é de todo ruim, para nenhuma de nós.

É verdade que há algumas manhãs em que observo as mulheres mais jovens na minha aula de Ashtanga Yoga e me sinto como uma ameixa seca (e são todas mais jovens, pois sou a mais velha na sala). No entanto, quando as ouço reclamar sobre namoros, não me importo de ser a velha senhora que apenas sorri e comemora por dentro os seus vinte e tantos anos de casada. Mesmo na companhia dessas pequenas *yoginis* com seus corpos rijos, sou capaz de reconhecer que ser mais velha tem benefícios reais, e que estar nos meus cinquenta anos é um dom que se desdobra todos os dias. Isso é verdade mesmo quando me encontro toda suada e desgrenhada na minha aula de ioga das sete horas da manhã, observando a aluna mais habilidosa da turma, uma estrela que, ironicamente, se chama Star ("estrela" em inglês), se dobrar e desdobrar em todos os tipos de posições impossíveis.

Uma *yogini*, caso você não tenha familiaridade com a palavra, é o termo feminino para alguém que pratica ioga (sendo *yogi* a forma masculina). "Uma verdadeira *yogini* é uma mulher iluminada com paixão exuberante, poderes espirituais e uma

perspectiva profunda", escreve Shambhavi Chopra em seu livro *Yogini: Unfolding the Goddess Within* ("*Yogini*: desdobrando a deusa interior"). Embora eu não tenha certeza de poder alegar que eu seja iluminada, estou bem disposta a me declarar proprietária das três qualidades que Chopra descreve: sou exuberantemente apaixonada, poderosamente espiritual e luto por uma perspectiva profunda. Todos esses dons chegaram a mim apenas nos últimos dez anos, e é evidente que são fruto da prática da ioga enquanto eu envelhecia.

A minha jornada para me tornar *yogini* começou, na verdade, na minha adolescência. Eu adoraria ser capaz de dizer que pratiquei ioga com regularidade desde os meus 16 anos, mas, infelizmente, não é esse o caso. Cresci no norte da Louisiana na década de 1970, onde o único *yogi* de quem qualquer um tivesse ouvido falar era o jogador de beisebol, Yogi Berra. Por algum milagre, porém, consegui descobrir dois grandes instrutores que influenciariam o meu desejo de uma vida inteira de praticar ioga: B.K.S. Iyengar e Lilias Folan.

Se você sabe algo sobre ioga, é provável que saiba quem é Iyengar. O livro dele, *Luz sobre o Ioga*, é um texto clássico que tem guiado milhares de *yogis* e *yoginis* na prática dos oito membros, ou aspectos, da ioga. Infelizmente, a minha cópia original, comprada quando eu ainda estava no Ensino Médio, foi perdida há anos, mas a influência de ler *Luz sobre o Ioga* num momento tão crítico do meu desenvolvimento nunca se perdeu. O que mais explicaria que uma menina de uma região caipira, provinciana e paroquial do mundo conseguisse se transformar numa boêmia eclética e fanática pela ecologia? Foi graças a Iyengar que descobri o vegetarianismo, a meditação e o Ahimsa (o princípio de não violência). Se existe alguém a quem devo creditar o fato de seguir o caminho do ambientalismo pela vida toda, esse alguém é B.K.S. Iyengar.

Porém, não nos esqueçamos da querida Lilias Folan, que foi a minha instrutora mais tangível e quem, por meio do seu programa de televisão, *Lilias, Yoga and You* ("Lilias, ioga e você"), me apresentou às poses (chamadas de forma mais apropriada de *asanas*) que pratico ainda hoje. Comecei a assistir ao programa de Folan aos 16 anos, e criei de imediato o meu estúdio caseiro individual de ioga. De maneira surpreendente, a minha mãe conservadora da Convenção Batista do Sul se interessou pela minha iniciativa e a apoiou, embora nunca tivesse ouvido falar de ioga. Ela comentou que as poses eram bonitas e que admirava a minha flexibilidade juvenil. É uma pena que ela não tenha se juntado a mim no carpete (nada de tapetes de ioga na época!). Não posso deixar de me perguntar se a experiência dela com o envelhecimento teria sido diferente se ela houvesse começado a praticar a ioga uns quarenta anos atrás.

A despeito dos meus esforços em contrário, a minha prática de ioga permaneceu intermitente durante os meus vinte e trinta anos. Aos quarenta anos, depois de me mudar para o Oregon, comecei a praticar ioga com instrutores habilidosos em um estúdio profissional, em vez de me guiar por livros com as páginas amassadas ou vídeos com a imagem chuviscada.

Posso dizer com confiança que sou hoje uma verdadeira *yogini*. E como tenho mais de cinquenta anos, também posso dizer que a ioga fornece uma das melhores abordagens para envelhecer com alguma graciosidade (mesmo que, com frequência, eu desabe durante as posições que requerem mais equilíbrio). Juntos, a ioga e o envelhecimento catalisaram um período de confiança que eu provavelmente não teria acessado de outra maneira.

Uma das críticas que ouvi durante o início da minha vida era que eu era "emocional demais". Admito que, durante a minha adolescência, eu era endiabrada, mas a verdade é que sou, nas palavras de Chopra, "exuberantemente apaixonada". Apenas nos últimos cinco anos passei a aceitar esse aspecto da minha personalidade. Eu costumava ver as minhas emoções profundas como uma fraqueza, mas agora as abraço como parte da minha identidade autêntica e as exprimo com franqueza. Sendo uma mulher com mais de cinquenta anos, tenho muito mais coragem para me expressar de modo emocional e intelectual.

Às vezes, as pessoas me dizem que sou corajosa, e, por muito tempo, pensei que estivessem enganadas. Quando alguém me dizia que eu havia feito algo corajoso, eu avaliava os meus sentimentos e não via nada além de puro terror.

Apenas recentemente compreendi que os meus sentimentos de medo enquanto avançava é que constituíram a minha coragem. Passei a acreditar que essa habilidade de agir de forma racional apesar de apavorada é sinal de poder espiritual.

Embora eu tenha sido criada na Convenção Batista do Sul, afastei-me da religião quando tinha 19 anos. Em grande parte, esse afastamento foi influência do meu primeiro marido. Ele era ateu e (em retrospecto) é bem provável que fosse sociopata. Eu gostaria de dizer que não entendo por que me casei com ele, mas penso que sei: ele satisfazia o meu desejo de atenção, ao mesmo tempo em que manipulava com destreza o meu medo de ser abandonada. Entre esses dois extremos, sofri abusos emocionais e sexuais nas mãos dele por quase dez anos.

Nas décadas após o meu divórcio, retomei o meu caminho espiritual, o que me guiou para quem sou hoje: uma *yogini* ardente, vegetariana determinada e católica devota. (Aposto que você não esperava por esta última, hein?) Mesmo assim, esta é a verdade: qualquer que seja a perspectiva profunda que eu possua, ela chegou a mim por meio do poder ao qual aprendi a me render na minha vida espiritual. Render-se — com a permissão, liberação e aceitação que acompanham esse ato — é a ioga suprema de envelhecer.

Uma das lições que minha mãe e eu estamos ambas aprendendo é que tudo muda. As nossas capacidades e aptidões se alteram, se deslocam, travam, vacilam. Os nossos animais de estimação envelhecem e morrem antes de nós. Muitos dos nossos amigos e familiares fazem o mesmo, o que não ajuda. Essas experiências causam, muitas vezes, uma dor intensa, e oferecem, mesmo assim, dons em abundância.

Um dos grandes ensinamentos espirituais da ioga é a presença: estar presente e engajado de maneira plena, mas, de algum modo, distante (algo a que alguns se referem como equanimidade). Resistir ao inevitável significa tentar controlar o que não pode ser controlado. E essa resistência é sempre fútil. Contudo, ao nos rendermos, cada mudança se torna uma transação — algo é levado embora enquanto outro dom é concedido. No caso da mamãe, ela recebeu o dom da perspectiva, enquanto eu estou abrindo o presente de me soltar. Nós duas apreciamos o dom uma da outra: eu ao oferecer o dom dos meus cuidados, e ela ao me dar o benefício dos seus dotes como confeiteira.

Para que eu não pense que já aprendi tudo, as nossas vidas sempre serão cheias de surpresas. Crises, como alguma posição em que pedirão que nós nos dobremos, nos convidarão ao desconforto e a tensos esforços. Tenho certeza de que essa é a maneira de a vida me lembrar de que a mamãe estava certa desde o início: "Menina, você não sabe de nada".

Tara Rodden Robinson, PhD, é autora de *Sexy + Soul-full: A Woman's Guide to Productivity* ("Sedutora + cheia de alma: um guia de produtividade para mulheres"). Ela é *coach*, escritora e artista. Fundou o seu consultório de *coaching* em 2006, ao deixar a carreira acadêmica. Antes de se tornar *coach*, viveu uma divertida aventura como bióloga que começou na floresta tropical da Costa Rica.

Carmen Herrera vendeu a sua primeira pintura aos 89 anos — depois de seis décadas de trabalho silencioso criando peças abstratas, geométricas e minimalistas. A sua obra foi, desde então, acrescentada às coleções permanentes do Museu de Arte Moderna de Nova York e do museu Tate Modern, em Londres.

Carmen nasceu em Havana, Cuba, em 1915. Seu pai foi editor fundador do jornal *El Mundo* e sua mãe era repórter. Ela começou a se interessar pela arte quando criança, mas optou por buscar um diploma de arquitetura em detrimento da arte. Acabou por abandonar os estudos para se casar com um professor de inglês norte-americano, mudando-se com ele para Nova York e depois para Paris, após a Segunda Guerra Mundial. Foi em Paris que Carmen começou a pintar de verdade, inspirada pelos artistas abstratos do Salon des Réalités Nouvelles. O estilo de pintura "menos é mais" que ela desenvolveu foi um desafio às expectativas culturais da arte de uma mulher latina, e, com ele, Carmen descobriu sua identidade artística e o foco que lhe durou a vida toda.

O casal se mudou de volta para Nova York, e Carmen continuou a pintar, destilando ainda mais o seu estilo até as formas e cores mais essenciais. "Apenas o meu amor pela linha reta me mantém no caminho", confidenciou mais tarde. A sua obra foi incluída em diversas exposições com o passar dos anos, mas nunca vendida. Em 2004, após a morte do marido, um amigo chamou a atenção de um *marchand* para a obra dela. Logo em seguida, ela vivenciou pela primeira vez a aclamação e a compensação financeira. Ao lhe sugerirem que talvez houvesse sido a intervenção celestial por parte do marido que lhe trouxe o reconhecimento, ela replicou: "Trabalhei de forma bem árdua. Talvez tenha sido eu". Carmen continua a sua obra, conceituando pinturas e executando-as com a ajuda de uma assistente, muito além do seu centésimo aniversário.

Fay Westenhofer caminha com o mesmo afinco com que muitas pessoas correm, e suas rotas a levam para longe de sua vizinhança no nordeste de Portland, no Oregon. Fay tem 77 anos de idade. Aos 74, com apenas dez anos de caminhadas de longa distância, tinha completado 85 competições, inclusive 21 maratonas, 52 meias maratonas e uma ultramaratona. É membro dedicado dos grupos internacionais Marathon Maniacs (Maníacos por Maratonas) e Half Fanatics (Meia Fanáticos), atendendo à exigência deles de completar maratonas ou meias maratonas múltiplas em curtos períodos de tempo — Fay conseguiu isso caminhando três maratonas em noventa dias. Ela está nove quilos mais magra do que quando começou a caminhar e sua densidade óssea aumentou. Fay se descreve como "meio que aposentada". Trabalha em meio período como consultora tributária na empresa H&R Block quando não está atravessando a cidade de Portland para treinar para a próxima competição.

Lisa: Como você começou a caminhar longas distâncias?

Fay: Há pouco mais de dez anos, quando eu tinha 64 anos, pisei na balança e ela disse que eu pesava 67,5 quilos, e eu não queria ver 68, porque eu nunca, nunca havia pesado tanto assim. Só depois dos 30 anos cheguei a pesar 45 quilos. Então, eu só olhei para aquele número, calcei os meus tênis e saí para uma caminhada.

Lisa: Você tem uma estatura bem baixa... 68 quilos devem ter parecido muito para você!

Fay: É verdade, por isso fui dar uma caminhada, voltei para casa e tirei uma soneca. Levantei-me no dia seguinte e pensei: "Certo, tenho de fazer isso de novo". E saí para caminhar, voltei para casa e tirei uma soneca. No dia seguinte e no outro eu fiz o mesmo.

Lisa: Como você passou a competir e percorrer distâncias maiores? Esse é um nível bem diferente de caminhada.

Fay: Comecei a caminhar em fevereiro, tinha amigos que participavam de corridas, e eu estava curiosa para saber como seria participar delas. A primeira corrida que fiz foi em abril de 2007. Fiz a Corrida das Rosas, de 5 quilômetros. Fiz o percurso caminhando para descobrir, antes de mais nada, o que acontece numa corrida.

Lisa: E foi fisgada?

Fay: Fui! Em junho, fiz a Meia Maratona de Helvetia, que eu não recomendaria para uma primeira meia maratona, pois é um percurso muito montanhoso! Eu não estava com os tênis certos, acabei com uma bolha horrível no pé, levei mais de quatro horas, mas continuei andando. Compreendi que precisava de tênis

diferentes. Então caminhei a Maratona de Portland naquele mês de outubro, e essa foi a minha primeira maratona.

Lisa: Quer dizer que, na prática, nove meses depois de começar a caminhar, você percorreu a sua primeira maratona.

Fay: Foi, e, ao me preparar para realizar aquela primeira maratona, eu sabia que, se competisse em uma, faria pelo menos mais uma, pois eu não seria uma daquelas pessoas que cumprem um item da lista de desejos e nunca o fazem de novo!

Lisa: Quando começou a caminhar, como foi que passou para distâncias cada vez mais longas? Como é o seu treinamento?

Fay: Quando comecei, caminhava apenas três a quatro quilômetros. Eu só caminhava pela vizinhança. A melhor ideia é trabalhar com um plano de treinamento. Por exemplo, essa semana você caminha quatro quilômetros, na próxima, seis quilômetros, e na semana seguinte, caminha oito quilômetros, e na semana posterior, volta a andar seis. Você treina com base no tempo transcorrido durante a semana, e com base na distância percorrida nos fins de semana. Sempre aumente a quilometragem nos fins de semana por várias semanas, e então diminua a quilometragem numa semana, e aí aumente de novo, e depois diminua de novo, e aumente de novo, e diminua de novo.

Quando comecei a caminhar sozinha, era bem fácil parar e voltar para casa, sem cumprir toda a distância. Em cada esquina, você precisa tomar uma decisão. E depois de um tempo, pensei comigo mesma: "Deve haver uma maneira melhor de lidar com isso".

Então comecei a tomar o ônibus perto de casa e ir o quão longe eu pretendia caminhar naquele dia. Aí descia do ônibus e caminhava de volta para casa. Basicamente, passei a me forçar a cumprir a distância que eu queria percorrer, e sabia que não ia entrar no ônibus de volta. E, depois de um tempo, tornou-se natural caminhar aquela distância.

Lisa: As pessoas às vezes presumem que você faz marcha atlética? Você corre de vez em quando?

Fay: Não faço marcha atlética. Ela tem algumas exigências específicas. Eu corro um pouco e caminho. Caminho na maior parte, mas corro um pouquinho.

Lisa: Você já ultrapassou corredores em competições?

Fay: Já, algumas vezes.

Lisa: Como caminhar mudou a sua vida, além de aprimorar a sua forma física?

Fay: A comunidade se tornou muito importante para mim. Correr e caminhar têm níveis diferentes de notoriedade com base em quantas corridas você fez em determinado período de tempo. Por exemplo, há os Marathon Maniacs e os Half Fanatics. Você talvez nunca tenha conhecido essas pessoas antes de uma competição específica, mas elas se tornam suas amigas de imediato, porque também estão vestindo a mesma camiseta. Você tem uma conexão instantânea.

Também me tornei parte de um grupo na internet formado por mulheres corredoras. São pessoas que fariam de tudo por mim. São de todos os lugares do mundo. Faríamos de tudo umas pelas outras. Não são como muitos grupos de mulheres na internet que tendem a se distanciar com o tempo. Quando o meu marido faleceu no ano passado, elas arrecadaram dinheiro e fizeram uma contribuição em tributo a ele, além de me enviar um vale-presente de 50 dólares da Portland Running Company, e eu nunca encontrei a maioria dessas pessoas pessoalmente.

Lisa: Qual é a parte mais positiva ou alegre de fazer isso, na sua opinião? O que a mantém saindo para caminhar?

Fay: É quase uma meditação ambulante para mim. Estou lá fora, prestando atenção ao que vejo, ao que ouço. Às vezes me pego pensando: "Certo, escuto um pássaro ali, isso tem o ruído do trânsito, escuto os aviões no aeroporto, oh, estou ouvindo um trem, então o vento deve estar soprando daquela direção, senão eu não conseguiria ouvi-lo daqui. Ouço pessoas conversando; ouço animais". E, enquanto caminho, presto atenção ao que as pessoas fizeram com os seus jardins e noto quais flores estão desabrochando e o que está acontecendo ao meu redor. E isso tem me inspirado, de certa forma, a ver o que acontece.

Lisa: Até que ponto você imagina que a sua idade esteja conectada a essa sua paixão?

Acredita que isso aconteceu na época certa da sua vida, ou que poderia ter acontecido a qualquer momento? Caso a tivesse descoberto quando tinha vinte ou trinta anos, você supõe que também a teria perseguido?

Fay: Creio que tem sido, com certeza, mais fácil me dedicar à caminhada de longa distância na minha idade do que quando eu era mais jovem, pois estou praticamente aposentada e tenho tempo. Caminhar longas distâncias, mesmo quando se é rápido, leva *muito* tempo. Olho para essas pessoas que sei que têm os seus trinta anos e estão treinando para maratonas, têm filhos pequenos e trabalham em tempo integral, e me pergunto como elas conseguem.

Lisa: Que conselho você daria a mulheres maduras que estão pensando em assumir um novo desafio ou explorar algo novo na vida, mas que talvez estejam hesitantes ou temerosas?

Fay: Apenas saiam de casa e sigam em frente! Vocês conseguirão fazer qualquer coisa que decidam fazer, mas não tenham pressa. Vocês não serão velozes. Não vão dizer hoje: "Ah, eu quero correr uma maratona ou caminhar uma maratona". Vão levar uns bons seis meses para conseguir, talvez mais, dependendo do quão sedentárias têm sido. Não tenham pressa e divirtam-se.

Além disso, concentrem-se. Concentrem-se no seu objetivo e descubram por que ele é importante para vocês. E uma vez que tenham esse objetivo e saibam por que ele é importante, ele meio que simplesmente acontece.

Helen Gurley Brown foi uma redatora publicitária que se tornou editora e cuja carreira no fim da vida, no comando da revista *Cosmopolitan*, alterou os conceitos de independência sexual e profissional para toda uma geração de mulheres mais jovens. Um retrato de longevidade, Helen assumiu o cargo aos 43 anos e permaneceu dedicada à revista e ao seu público por quase cinquenta anos.

Nascida em 18 de fevereiro de 1922, em Green Forest, Arkansas, Helen teve uma juventude carregada de desafios — perdeu o pai quando ainda era criança, a mãe sofria de depressão e a irmã se viu paralisada pela poliomielite. Aos 17 anos, Helen deixou sua casa para frequentar por três anos a Faculdade Estadual para Mulheres do Texas e passar, em seguida, um ano na Faculdade de Administração de Woodbury, em Burbank, Califórnia. Trabalhou como secretária em 17 escritórios diferentes em Los Angeles, até 1948, quando, trabalhando na agência de publicidade Foote, Cone & Belding, teve seu talento na escrita reconhecido e foi promovida ao cargo de redatora. Nos dez anos seguintes, Helen venceu três prêmios Frances Holmes de Redação Publicitária por seu trabalho.

Em 1959, ela se casou com o produtor de Hollywood David Brown. Nessa época (o que é bem irônico), ela começou a escrever o seu primeiro livro sobre os prazeres e a liberdade da vida como solteira. Quando *Sex and the Single Girl* ("Sexo e a jovem solteira") se tornou um *best-seller* imediato em 1962, Helen deixou o mundo da publicidade para trás. Em vez da redação, dedicou seu tempo a trabalhar em seu livro seguinte, *Sex and the Office* ("Sexo e o escritório", publicado em 1964), assim como em sua coluna de alcance nacional "A Woman Alone" ("Uma mulher sozinha"). A ênfase de Helen nos benefícios e liberdades da vida de solteira e a ideia de que as mulheres são, na realidade, seres sexuais lhe trouxeram atenção e críticas, o que levou à fase seguinte da sua carreira.

Em 1965, aos 43 anos, Helen foi nomeada editora-chefe da revista *Cosmopolitan*, então em decadência. Sem qualquer experiência formal em editoração, Helen buscou no etos por trás dos seus próprios textos o que precisava para transformar *Cosmopolitan* na revista que conhecemos hoje, voltada a mulheres jovens, às vezes controversa, focada abertamente em assuntos como sexo e independência. O trabalho de Helen foi audacioso e inovador, tanto em conteúdo quanto em design. *Cosmo* começou e continuou a vender mais do que as outras publicações femininas por todas as três décadas da sua liderança. Embora o seu exercício como editora-chefe tenha terminado em 1997, ela continuou a trabalhar para a revista como editora das edições internacionais até falecer aos 90 anos, em 2013.

Della Wells é artista, mais conhecida por suas chamativas colagens em papel. Desde que decidiu seguir carreira como artista aos 42 anos, Della expôs a sua arte tanto na Europa quanto nos Estados Unidos e foi destaque do livro *Self Taught, Outsider, and Folk Art: A Guide to American Artists, Locations and Resources* ("Arte popular, autodidata e forasteira: um guia sobre artistas norte-americanos, locações e recursos"), entre outras publicações. Buscando inspiração na sua própria experiência de vida, Della examina as complexidades da mulher afro-americana moderna, explorando, ao mesmo tempo, a história das suas próprias origens e os distúrbios mentais da mãe. Além da colagem, ela cria pinturas em giz pastel, desenhos, bonecas e colchas de retalhos, todos bem coloridos. Não faz muito tempo, o Instituto Smithsonian comprou três das suas obras. Recentemente, Della ilustrou o seu primeiro livro infantil.

Lisa: Eu gostaria de começar com uma pergunta sobre uma certa leitura de mão que lhe foi feita quando você tinha uns 20 anos. O que ela revelou? O que foi previsto realmente aconteceu?

Della: Essa pessoa leu a minha mão e me disse que minha linha da vida é bem pesada no final e previu que eu deixaria este mundo com um estrondo. Ele afirmou: "Tudo lhe virá mais tarde na vida".

Lisa: Uau. Naquela época, você fazia alguma ideia do que isso significaria para você?

Della: Não, não fazia, pois, para ser honesta, não levei essa pessoa a sério. No entanto, vou lhe dizer o seguinte: quando eu tinha 18 ou 19 anos, estava envolvida com essa galeria chamada Black Aesthetic (Estética Negra), mas eu não era artista. Vi a Dra. Margaret Burroughs, que estava com uns 50 anos na época, e me lembro de dizer a mim mesma: "Vou ser como ela".

Lisa: Quer dizer que você meio que já sabia, então?

Della: Sim e não. Porém, quando a vi e ouvi falar sobre ela, pensei que era mesmo fantástica.

Lisa: Você não trabalhou em arte com seriedade até os 42 anos e, quando começou, era apenas algo que você sabia que queria fazer? Há algum motivo para você não ter trabalhado nisso antes?

Della: O motivo de não ter trabalhado nisso antes foi porque eu não pensava em arte como uma carreira séria. Eu planejava fazer disso um passatempo quando me aposentasse. Na mesma época em que decidi seguir carreira em arte, eu estava fazendo outra mudança profissional — estava estudando para me tornar psicóloga. Se não tivesse entrado nas artes, teria sido psicóloga. E, ao mesmo tempo, eu estava na Faculdade

Técnica da Região de Milwaukee, e a minha orientadora me informou que eu precisava fazer alguns cursos na área de humanas. Ela sugeriu que fizesse um curso de História da Arte. E respondi: "Tudo bem, sei um pouquinho sobre a história da arte". Cresci com pais que colecionavam muitos livros, então eu sabia um pouco sobre esse assunto.

Tivemos de escrever um texto em classe. Eu sabia que todos escreveriam sobre Picasso, Van Gogh e artistas desse tipo, mas eu queria escrever sobre um artista que fosse afro-americano e que também fosse de Milwaukee. Foi então que me lembrei de Evelyn Terry, da Gallery Toward the Black Aesthetic (Galeria Rumo à Estética Negra). Telefonei para ela para realizar a entrevista. Ela se lembrou de mim e de que eu costumava compor desenhos estranhos no estilo de Picasso, com representações de mulheres tendo bebês, e sugeriu: "Você deveria ser artista!" E pensei: "Sei, até parece".

Então me transferi para a Universidade de Wisconsin, em Milwaukee. Na época, a minha especialização principal era Sociologia, e eu também estava buscando um certificado em Estudos Femininos, e a minha especialização secundária era em Estudos Afro-americanos. Fiz um curso sobre religiões afro-americanas com o Dr. Patrick Bellegarde-Smith, e, na mesma época, Evelyn me convidou para visitar uma exposição que carregava certa influência haitiana, e ali ouvi uma voz me encorajar a fazer arte. Então eu disse a Evelyn que eu queria fazer arte. Sei que soa como loucura.

Lisa: Muitas vezes, aquilo que nos leva a realizar mudanças de vida acontece num instante.

Della: É verdade. Assim, comecei a criar arte, o que eu nunca havia feito antes. Quero dizer, vendi uma peça quando eu tinha 13 anos, mas nunca levei isso a sério. Nunca pensei nisso como uma carreira, nem levei essa ideia muito a sério.

Avisei a Evelyn que eu iria ao seu ateliê e, em duas semanas, produzi três quadros: dois em giz pastel e uma gravura em *monoprint*. E nunca criei arte dessa forma na minha vida, e elas ficaram ótimas! Espantei-me ao ver que ficaram mesmo muito boas. Mais tarde, dividi um ateliê com Evelyn Terry e outro artista. Eu ia trabalhar às sextas-feiras. Era bem terapêutico para mim. Mas Evelyn me dizia: "Isso não é terapêutico". No entanto, era terapêutico, pois aconteceu num momento ruim da minha vida, em que eu estava mudando de carreira. Eu me lesionei no trabalho.

Lisa: Qual era o seu trabalho antes de voltar a estudar?

Della: Eu era recepcionista e datilógrafa, além de ser responsável pela inserção de dados e manutenção dos computadores. Sofri lesões por digitar demais, e os médicos me disseram para mudar de carreira. É por isso que eu ia me tornar psicóloga.

Então Evelyn me prometeu que, se eu produzisse cinquenta obras de arte, ela me daria uma exposição. Consegui as minhas duas primeiras exposições individuais, e as pessoas começaram a ver o meu trabalho e a querer comprá-lo, mas essa nunca tinha sido a minha intenção. Senti-me perplexa. A minha primeira exposição foi no Café Mélange, em Milwaukee, e a segunda foi no Centro de Recursos Femininos da Universidade de Wisconsin-Milwaukee, mas foi basicamente assim que eu comecei.

Lisa: Você declarou que um dos motivos por que não trabalhou com arte mais cedo na vida foi por ter sentido que, na verdade, não tinha muito a dizer quando era mais jovem.

Dela: Não tinha mesmo. Creio que seja importante para os artistas ter algo a dizer, e eu não tinha. Quando era mais jovem, para ser honesta, eu não queria falar sobre mim mesma. Não tive uma infância especialmente horrenda, mas a minha mãe sofre de esquizofrenia, e eu estava sempre com medo de que alguém descobrisse que ela era diferente. E eu não queria ser diferente.

Nos Ensinos Fundamental e Médio, meus irmãos eram todos muito bons em Matemática e Ciências, e eu era sempre a aluna inepta, e era meio engraçado, pois até as crianças brancas da escola diziam que detestavam os meus irmãos porque eles sabiam todas as respostas e tiravam as maiores notas. E eu não queria ser diferente. Creio que muitas meninas passam por isso — não querem ser diferentes. Eu não queria que as pessoas desgostassem de mim. E muitas meninas são assim, por isso não alcançam o seu potencial.

Lisa: Você mencionou que começou a desenhar, trabalhar com giz pastel, fez uma gravura em *monoprint*, mas agora é conhecida como uma artista da colagem. Como o processo de colagem começou para você?

Della: Romare Bearden era um dos meus artistas prediletos, e quando vi essa artista chamada Beverly Nunes Ramsay, que criava esculturas de papel e colagens em papel, queria tentar fazer o mesmo. E é claro que eu estava interessada também em reaproveitar materiais. Eu sempre via, mesmo quando criança, as coisas de maneira diferente — eu olhava para uma revista ou papel ou objeto que encontrava e queria fazer algo deles.

O mais engraçado foi que eu estava nesta galeria, David Barnett, e precisava criar algumas peças para o banco Northwest Mutual. Fiz algumas em giz pastel e mais duas colagens para eles. E a mulher que intermediou essa transação me disse que não considerava as minhas colagens como o meu trabalho mais forte. No entanto, a galeria vendeu as duas colagens de imediato. Então Barnett me deu uma exposição individual, e uma daquelas colagens que a intermediária não considerou como o meu trabalho mais forte recebeu seis ofertas!

Portanto, creio que a conclusão seja, no ponto a que cheguei na vida, que não dá para dar ouvidos a outras pessoas, que não se deve deixar que outros definam quem você é, e você sempre encontrará muitos que lhe tentarão lhe dizer o que fazer.

Lisa: Você se refere a si mesma como uma contadora de histórias. Fale-nos um pouco sobre as histórias que você conta com as

suas colagens e pinturas, temas da sua obra, e onde você busca inspiração.

Della: Busco inspiração na vida. Quando era menina, eu queria ser escritora. E as histórias que eu costumava escrever quando criança eram diferentes das histórias de outras crianças. Certa vez, tivemos de escrever uma história sobre o Natal. Escrevi sobre o Papai Noel tendo um colapso nervoso. Creio que eu tinha uns 13 anos. Já no Ensino Médio, minha turma recebeu a tarefa de falar sobre caubóis jogando baralho, em que um atirava no outro. Todos escreveram que os caubóis estavam trapaceando, mas eu escrevi sobre um mau perdedor, e que foi por isso que ele atirou no outro.

Mais tarde, fiz um curso de escrita criativa em que criamos um romance colaborativo. Eu não queria escrever sobre o mesmo que todos os outros. Eles queriam escrever uma história sobre uma bela mulher que era atriz: o homem era alto, moreno e belo, e era advogado; e ela queria encontrar seus pais adotivos. Uma amiga, que também tinha uns 30 anos na época, e eu conspiramos para arruinar a história. Por isso ela escreveu que a personagem era negra, gerando uma reviravolta na história, mas, para mim, isso não foi nenhum grande choque. Quando chegou a minha vez, escrevi que, na verdade, ela havia nascido como homem e tido o pênis cortado quando bebê, sendo criada como menina. Ela se tornou um símbolo sexual, mas, quando a outra atriz descobriu a verdade, disse que pretendia chantageá-la. Escrevi também uma cena de masturbação que Evelyn Terry utilizou num vídeo que fez mais tarde. Foi divertido — alguns alunos mais jovens se enfureceram, mas a instrutora exclamou: "Graças a Deus!" Ela estava entediada demais com a história até então.

Sempre tive uma imaginação fértil. A minha mãe costumava me contar histórias, mas, quando cresci, percebi que muitas das histórias que ela contava eram, na verdade, parte da sua mente esquizofrênica e não eram necessariamente verdade. Quando eu era menina, eu costumava inventar filmes na minha cabeça. Filmes completos — eu imaginava atores reais interpretando os papéis. Também era fascinada pelos livros do Dr. Seuss e por contos de fadas, pois muitos contos de fadas dão a impressão de serem doces e agradáveis, e muito da minha obra parece doce e agradável, mas, na verdade, não é.

Lisa: Os contos de fada são, na realidade, bem sombrios.

Della: Verdade, verdade, e, de fato, muito da minha obra é sombria.

Lisa: Em que aspecto você pensa que a sua voz é diferente hoje do que era vinte anos atrás, quando começou? Como você evoluiu e mudou como artista?

Della: Creio que a experiência de vida altera a sua voz. Não acredito que poderia ter criado, aos 20 anos, o mesmo que produzo hoje. Notei que muito do que criei aos meus quarenta anos era uma reflexão da religião africana; agora, aos sessenta, é mais sobre a minha experiência de vida, talvez sobre algo que ocorre na política. Sinto que, ao envelhecermos — ou pelo menos é assim comigo

Aceite as críticas de que precisa, descarte as outras, e não deixe que as críticas definam quem você é. Não deixe que outras pessoas definam quem você é. Você sabe como definir a si mesma. — Della Wells

—, vemos tudo de maneira diferente. Sei que algumas pessoas me entendem de uma forma diferente do que sou na realidade.

Lisa: Você acha, então, que as pessoas a entendem de um modo diferente do qual você entende a si mesma?

Della: Sim, com exceção das pessoas que me conhecem de fato, que conversam comigo e mantêm diálogos. No entanto, há outras pessoas que me entendem como sendo distante, indiferente. E creio que parte disso é porque as pessoas criam estereótipos de como as mulheres *deveriam* agir. Imaginam que as mulheres deveriam ser cordeiros sacrificiais, e não pretendo ser um cordeiro sacrificial, pois quero paz e tranquilidade.

Notei que, em relação a muitas mulheres — em especial as da minha geração —, quando estas chegam aos quarenta, cinquenta, sessenta, setenta anos, as pessoas esperam que elas prestem cuidados, que se tornem como uma avó amorosa. Muitas mulheres que conheço têm as suas próprias carreiras, muitas têm os seus próprios negócios, mas, ao mesmo tempo, estão tomando conta da família. E penso que as mulheres acabam encurraladas, como se isso fosse a sua obrigação primordial, e é dever delas se sacrificar. E eu não acredito nisso. Não creio que você precise se sacrificar.

Lisa: Essa é uma crença que você desenvolveu ou você sempre foi assim?

Della: Algo que desenvolvi. O que eu acho bom; penso que é bem saudável. Para mim, é saudável, me ajuda a me manter sã. Caso contrário, eu enlouqueceria por completo.

Lisa: Que conselho você daria a uma mulher madura que está pensando em buscar uma paixão, tentar algo novo ou mudar a vida de uma maneira significativa, mas que duvida de si mesma?

Della: Eu diria para ela, primeiro, aprender o que puder do campo em que quer entrar. Converse com outras pessoas bem-sucedidas da área. Quando eu planejava me tornar psicóloga, conversei com outros psicólogos para descobrir como seria. Encontre pessoas que a apoiarão e entenda que haverá pessoas que não vão apoiá-la.

Além disso, aceite as críticas de que precisa, descarte as outras, e não deixe que as críticas definam quem você é. Não deixe que outras pessoas definam quem você é. Você sabe como definir a si mesma. Sempre há um motivo para pensarem que você não é capaz de realizar algo. Elas advertem: "Você é jovem demais, é velha demais". Sabe, Vovó Moses começou a pintar aos 70 anos, e eu estava lendo sobre algumas outras artistas que conseguiram a sua primeira exposição num museu aos oitenta ou noventa anos.

Digo: "Vá em frente e faça". A vida não acaba até o último suspiro, e a juventude não a define. Muitas vezes, as pessoas definem as mulheres pela juventude, pela aparência, e assim por diante — isso não as define. Faça. E acredite. E encontre pessoas que a apoiem. É isso que é importante. Encontre e construa uma rede de apoio.

Angela Morley não pôde viver livremente como mulher até tarde na vida. Fortalecida pela liberdade de ser fiel à sua verdadeira identidade, passou a criar algumas das trilhas musicais mais memoráveis da televisão do fim do século XX e foi a primeira mulher assumidamente transexual a conquistar um prêmio Emmy.

Angela Morley nasceu como Walter Stott em 1924, na Inglaterra. Desenvolveu um interesse inicial por música de *big band* e dominou diversos instrumentos antes de deixar a escola, aos 15 anos, para tocar saxofone numa banda de dança. Na década de 1940, começou a aprimorar suas habilidades como arranjadora, trabalhando para a rádio BBC. Era autodidata e trabalhou com estabilidade no rádio, passando a criar trilhas sonoras para filmes a partir da década de 1950. Apesar de casada e pai de dois filhos, Angela enfrentou por toda a vida uma batalha com a sua identidade de gênero. Foi apenas após o seu segundo casamento, em 1970, que ela encontrou apoio para viver como mulher. Em 1972, aos 48 anos, passou por uma cirurgia de redesignação sexual e alterou seu nome para Angela Morley.

Angela se afastou da composição e da regência por um tempo, pois não tinha certeza de que a comunidade musical a aceitaria. Em 1974, aos 50 anos, foi convencida a compor a música para o filme *O pequeno príncipe*, que lhe rendeu uma indicação ao Oscar. Ela viajou a Los Angeles para assistir à cerimônia e se sentiu tão acolhida e aceita que decidiu se mudar para a Califórnia.

Durante esse período, Angela vivenciou o renascimento da sua criatividade ao se concentrar em programas populares da televisão da década de 1980, incluindo *Dinastia*, *Dallas* e *Mulher Maravilha*, e foi indicada a diversos prêmios Emmy. Também colaborou, muitas vezes sem receber créditos, com o compositor John Williams, fazendo contribuições significativas a trilhas cinematográficas, inclusive no icônico tema de *Guerra nas estrelas*. Nos últimos anos de vida, Angela se aposentou e se mudou para o Arizona com a esposa, falecendo em 2009.

QUANDO ELES CHEGARAM
de
Shauna James Ahern

As coxas do meu pijama estão cobertas de manchas de banana amassada no formato de mãos. Mal consigo abrir os olhos enquanto espero que o café fique pronto. O filho de dois anos — acordado desde as 5h30 e que despertou duas vezes durante a noite — está me puxando a camiseta, me pedindo para ver o Elmo. Apanho o meu celular para carregar o YouTube Kids — o tempo assistindo a vídeos antes de a mamãe tomar café não conta no total — e vejo um lembrete piscar na tela inicial: 50º aniversário daqui a cinco meses. Comece a planejar a festa!

Estou com 49 anos. Tenho uma filha de sete anos e um filho que acabou de completar dois. E todos os dias, em algum momento — em geral antes da minha segunda xícara de café —, solto um grande suspiro e penso: "Deve haver uma razão biológica pela qual eu não deveria ter filhos pequenos na minha idade".

Nada disso ocorreu por acidente. Meu marido e eu escolhemos isso. É fácil ter um bebê de surpresa aos 25 e, às vezes, aos 35, mas raramente aos 45. Esses são filhos que desejamos em nossas vidas. Danny e eu nos conhecemos quando eu tinha 39 anos e ele, 37, depois de uma vida inteira de relações complicadas e oportunidades perdidas. Aquelas que não deram certo deixaram um buraco cada vez maior no coração. Pensei que jamais me casaria — eu estava planejando a festa do meu 40º aniversário como uma festa de "Estou me casando comigo mesma!". Em vez disso, tornou-se uma festa de "Conheçam o Danny". Há algo de muito doce em conhecer o amor da sua vida quando se está à beira dos 40 anos. Nenhum dos clichês e armadilhas do amor jovem se compara com o amor que experimentamos. Forjamos o nosso próprio caminho e nos encaixamos de imediato no ritmo um do outro. Dois meses após nos conhecermos, ele me pediu em casamento. Dois anos mais tarde, pouco antes de eu completar 42, a nossa filha Lucy nasceu.

A queda íngreme de Lucy no mundo estéril e repleto de bipes da UTI nas suas primeiras duas semanas de vida nos formou como pais. Nunca nos esqueceremos de como nos demos as mãos por sobre a incubadora neonatal, lembrando-a de respirar. Só foi possível aguentar a cirurgia de nove horas pela qual ela passou aos nove meses de idade, para a construção de um novo crânio, porque havíamos enfrentado juntos aquele momento desconhecido. De algum modo, rastejamos pelos quatro meses seguintes, quando ela acordava pontualmente a cada hora, chorando, apavorada demais para voltar a dormir. Nós nos movíamos como zumbis de um dia a outro, tentando descobrir como trabalhar (ele como *chef*, eu editando o nosso primeiro livro de culinária) apesar de tão cansados. E o tempo foi passando, com risadinhas e descobertas feitas por olhos bem atentos. Bem devagar, o tempo passou.

E a despeito de tudo isso, ainda queríamos outro filho. Lucy trouxe luz ao nosso mundo. Queríamos outra luz para refletir junto à dela. Adoro o meu irmão, um dos meus melhores amigos no mundo. Os quatro irmãos de Danny são o alicerce da vida dele. Visto que já éramos pais mais velhos, queríamos que Lucy tivesse um irmão, alguém mais que conhecesse a sua história.

Por isso tentamos ter outro filho. E tentamos. E tentamos. Tentar era divertido. Fracassar não era. Mas nosso médico nos informou que as chances eram poucas — àquela altura, eu estava com 43 anos, muito além da idade maternal avançada carimbada nos gráficos do consultório ginecológico. Estávamos agora na área das possibilidades remotas. Em um ano, decidimos parar de tentar e adotar uma criança.

A próxima vez que você ouvir uma pessoa bem-intencionada tentar consolar uma mulher que não consegue ter filhos biológicos sugerindo: "Ah, mas você sempre pode adotar!" — *por favor, diga-lhe para se calar*. A adoção é tudo, menos fácil. É, em primeiro lugar, uma busca pela agência certa; depois, uma pilha de papelada; depois, estudos sobre o lar e inspeções. E então é a espera. E mais espera. E milhares e milhares de dólares. E se você descobrir, como aconteceu conosco, que a agência que você escolheu nunca foi a certa para você, comece tudo de novo e gaste mais milhares e milhares de dólares. E espere um pouco mais.

O nosso filho chegou quando eu tinha 47 anos, três anos e meio depois de decidirmos que iríamos "só adotar". O nascimento dele foi uma das experiências mais eufóricas das nossas vidas. E uma das mais profundamente comoventes e tristes também, já que convivi com a mãe biológica por três dias após ele nascer. Talvez seja um dos dons de ser uma mãe mais velha — nunca me preocupei com quem era a mãe "verdadeira". Sei que sou a mãe do meu filho, amando-o de forma intensa, mas também com leveza e bondade. Ele me adora, adora Danny e a irmã com uma doçura devotada que raramente vi. E ele tem outra mãe que talvez conheça melhor quando crescer. Já que sou exatos 25 anos mais velha do que a mãe biológica, talvez ele passe a se relacionar com ela de uma maneira diferente à medida que eu envelhecer. Não sei ainda. É só especulação no momento. No entanto, isso me dá esperança de que ele terá uma família maior no futuro.

Quando meu filho fizer 22 anos, estarei prestes a completar setenta. Não se engane — tenho a intenção de estar lá. Estou planejando dançar num vestido vermelho reluzente quando ele se formar na faculdade. Não vou parar de me mover nos próximos vinte anos, já que ele nunca para de se mover. Talvez haja ocasiões em que os meus joelhos rangerão em protesto contra me ajoelhar no chão e brincar com ele com caminhões numa pista imaginária, mas faço isso. A exaustão da privação do sono parece me

afetar de forma mais poderosa do que quando a irmã dele não dormia, seis anos atrás. (Por outro lado, graças à perimenopausa, enfrento a insônia com frequência, por isso posso muito bem me levantar quando ele precisa de atenção.) No entanto, ele dorme melhor do que ela, por isso essa exaustão é mais esporádica. E talvez realizemos atividades mais calmas na manhã juntos. Relaxei em relação ao tempo de vídeo durante as manhãs — ativada por uma cultura que berra que qualquer tempo em frente à tela é horrível para uma criança — e me recordo mais uma vez de quantos episódios de *A Família Sol-Lá-Si-Dó* e *Laverne & Shirley* assisti quando era pequena. Sobrevivi bem. Ele também vai.

Esse talvez seja o maior presente que eu possa dar aos meus filhos como uma mãe mais velha. Não penso neles como sendo meus, uma extensão do meu ego. Não estou tentando aperfeiçoá-los. Não quero fazer todas as "coisas certas", como garantir que nunca comam porcaria (salgadinhos na sala de emergência são um verdadeiro presente) ou tirar notas altas em tudo (caramba, se tirarem A nas matérias que adoram e C naquelas que apreciam menos, para mim está ótimo) ou impedir que caiam no parquinho. Quebrar uma perna pode ser um rito de passagem da infância. Prefiro que corram bastante e caiam a permanecerem seguros o tempo todo.

E já que sou uma mãe mais velha, sei que talvez eu nunca venha a conhecer os filhos deles. Isso me dói. No entanto, também me lembra de lhes encorajar a independência, para que estejam bem no mundo sem a mãe lhes resolvendo cada problema. A vida é curta. Quero que um seja o melhor amigo do outro e que sejam os melhores amigos de si mesmos.

Todos os dias tenho conversas longas e importantes com a minha filha sobre tensões em relação a amigos, sobre fazer o que é certo, sobre não imaginar que será perfeita e sobre como é vital se manter fazendo o que a faz profundamente feliz. (O meu filho e eu conversamos mais sobre caminhões e helicópteros no momento, mas essas conversas virão em breve.) Se os meus filhos tivessem entrado na minha vida quando eu tinha vinte ou trinta anos, eu talvez tivesse mais energia. Contudo, eu não teria a sabedoria de ter vivido mais uma ou duas décadas. Geralmente, eu lhes digo isso: "Eu os amo. E tudo passa. Vocês ficarão bem".

Aos quase 50 anos, enfim, sei isso bem: tudo passa. Vou ficar bem. Essas crianças são dádivas, desde o momento em que chegaram.

Entretanto, eu não me importaria de beber mais uma xícara de café.

Shauna James Ahern é autora do adorado website culinário *Gluten-Free Girl* (Garota sem glúten), uma autobiografia culinária, e de três livros de culinária, inclusive *Gluten-Free Girl Every Day* ("Garota sem glúten todos os dias"), que venceu o prêmio James Beard. Seu trabalho foi publicado e reconhecido por *The New York Times*, *Gourmet*, *Bon Appétit*, *The Guardian*, *The Washington Post* e *Food Network*, entre outros.

Eva Zeisel ressuscitou a sua carreira em design quando tinha 80 anos de idade – depois de vinte anos longe do mundo do design. A ceramista e designer industrial de renome mundial voltou a criar novas formas no seu estilo característico e a enfrentar uma vida inteira de desafios com engenhosidade e perseverança.

Nascida como Eva Striker em 1906, em Budapeste, Hungria, Eva começou a estudar pintura aos 17 anos. Encorajada pela mãe feminista a aprender um ofício, deixou a escola para se tornar aprendiz de um ceramista. Ela passou para o nível de artesã e se tornou a primeira mulher a ser admitida no sindicato local de ceramistas. Eva desenvolveu uma forma sensual e biomórfica na sua cerâmica; as linhas envolventes de seu trabalho eram uma reação ao modernismo angular dos tempos. Sempre curiosa, Eva se mudou para a Rússia em 1932 e se tornou diretora artística do governo comunista.

Em 1936, o curso da sua vida mudou de maneira drástica quando o regime stalinista a acusou falsamente de uma trama de assassinato. Viu-se presa por 16 meses, passando a maior parte desse tempo em confinamento solitário, antes de ser solta sem explicação. Eva se restabeleceu e se casou com Hans Zeisel, e o casal fugiu da Europa para Nova York em 1938.

Eva começou a trabalhar no Instituto Pratt, criando o departamento de artes cerâmicas e design industrial. Em 1946, ela criou uma coleção de peças de porcelana sem adornos para o Museu de Arte Moderna de Nova York, vindo a ser a primeira mulher a realizar uma exposição individual naquele museu. Na década de 1960, porém, Eva se afastou do ateliê de cerâmica, concentrando a sua atenção somente na escrita acadêmica e no ativismo antiguerra pelos vinte anos seguintes.

Uma viagem à sua terra natal, aos setenta e muitos anos, despertou-lhe a criatividade outra vez, e ela voltou com força total ao mundo do design, criando objetos de cristal, tapetes, lâmpadas e mobília, além de dar novas abordagens aos designs tradicionais de cerâmica. E 2005, recebeu do Museu Nacional de Design Cooper-Hewitt do Instituto Smithsonian em Nova York o prêmio nacional de design pelo conjunto da obra. Ela desfrutou imensamente do interesse renovado pela sua obra e trabalhou com afinco até morrer em 2011, aos 105 anos.

Ilona Royce Smithkin tem 99 anos de idade. Ela trabalha como pintora impressionista e professora de Arte, como uma fashionista que começou tarde na vida e como cantora no Eyelash Cabaret. Durante sua longa carreira como artista, viajou pelos Estados Unidos ensinando pintura a alunos de todas as idades e níveis de experiência, apresentou três séries instrucionais na emissora de televisão norte-americana PBS e desenhou o famoso retrato de Ayn Rand. Em 2010, o fotógrafo Ari Seth Cohen conheceu Ilona (que, é claro, estava espetacular, vestindo um conjunto turquesa e verde-limão) numa calçada do bairro de West Village, em Nova York. Ele tirou uma fotografia dela para o seu blog, *Advanced Style* (Estilo avançado), que destaca mulheres com mais de 50 anos e que se vestem com vivacidade. Desde então, o senso de moda de Ilona, inclusive os longos cílios vermelhos, tem conquistado a atenção de publicações como *New York Magazine*, *Time Out New York*, *Huffington Post*, entre outras. Ela continua inspirando pessoas com sua paixão, franqueza e apreciação de cada dia — e cada coisinha — que a vida traz.

Lisa: Ilona, qual é a sua parte favorita do dia?

Ilona: Cada momento, pois estou viva! Concentro toda a minha energia e realizo todo tipo de atividades, como quando tomo meus banhos. Depois, passo pomadas e cremes por todo o corpo. Adoro o aroma. Tento saborear tudo o que faço.

Lisa: Você é artista, ícone da moda e cantora. O que veio primeiro?

Ilona: Por toda a vida fui artista, mas tive muitos empregos diferentes para me sustentar. Pois mesmo se tiver nascido rica ou possuir algo que a torne especial, você precisa se virar. É difícil ganhar a vida como artista, como você provavelmente sabe.

Lisa: Sim, eu sei! Conte-nos sobre como é ser professora.

Ilona: Tenho ensinado arte impressionista há quarenta anos. A cada ano, na primavera e no outono, eu viajava por dois meses por todos os cantos dos Estados Unidos — Arizona, Iowa, Carolina do Sul, Carolina do Norte, Kentucky, Indiana. Quero dizer, cite o nome de qualquer Estado, estive em todos eles. Eu passava uma semana em cada comunidade, então me chamavam para a comunidade seguinte, por isso ensinei de forma bem diversificada.

Lisa: Se faz quarenta anos, quer dizer que começou a ensinar quando tinha uns cinquenta?

Ilona: Acho que comecei em 1969, creio eu. Ainda ensino hoje em Nova York, mas não viajo mais.

Lisa: Você sente que é uma pessoa diferente de quando era jovem?

Ilona: Todos são diferentes de acordo com as suas experiências, pois você aprende enquanto vive. A cada dia, você aprende algo novo, a menos que não esteja aberto a isso.

Lisa: Em que aspectos você sente que é diferente de como era dez anos atrás?

Ilona: Até tempos recentes, eu sempre tinha a sensação de não ser boa o bastante. Nunca me dei crédito. Mesmo ao realizar feitos importantes, como o retrato de Ayn Rand. Ayn veio até mim porque ela gostou do meu estilo. E gostou tanto que o colocou em todas as capas de seus livros. Quando você olha para as capas dos livros de Ayn Rand, você vê o retrato que fiz dela. E pintei Tennessee Williams, sabia?

Lisa: Não, eu não sabia. Isso é fantástico!

Ilona: Sou a única que fez isso. Eu o conheci em Key West, na Flórida, num jantar — eu não fazia ideia de quem ele era, mas nos damos bem de imediato, e rimos muito. Participei da celebração de um retrato que fiz de um amigo em Key West, e houve uma inauguração, e ele foi convidado e comentou com o nosso anfitrião, Roy: "Eu nunca quis ser retratado, mas gostaria de conhecer o cara que pintou isso". E o nosso anfitrião respondeu: "Para início de conversa, não é um cara, é uma mulher, e você a conhece, porque ela está de pé ao seu lado". Hah!

Lisa: Quer dizer que, quando era mais jovem, você não se dava muito crédito, mas isso mudou agora que está mais madura?

Ilona: Nunca acreditei que fosse boa o suficiente. Sabe, nunca me dei crédito. A diferença entre aquela época e agora é que sei quem sou hoje. Levei muitíssimo tempo para isso. Foi só, talvez, há uns dez anos, quando eu estava com uns oitenta, que descobri. No entanto, hoje me sinto bem plena e me dou crédito por todos aqueles anos de luta e por todas as pessoas que conheci.

Lisa: Você descobriu o segredo da vida plena — está feliz, se diverte, se sente bem. Que conselho você daria a mulheres que estão batalhando para encontrar a felicidade?

Ilona: Todos estão batalhando por algo. Alguns só querem encontrar um amante. Outros querem ser muito famosos. Outros querem ter um bom emprego. E talvez desistam quando não obtiverem o sucesso imediato. Contudo, leva bastante tempo para nutrir o que quer que você deseje fazer da vida.

Além disso, há maneiras diferentes de ser feliz. Se uma não funcionar, tente outra. Eu não entendia isso quando jovem. Nunca compreendi que havia várias portas na vida. Sempre pensei que precisava ir em frente, da mesma forma como havia sido criada pelos meus pais. Então descobri que há muitas portas na vida e muitos potenciais, se você se abrir.

Lisa: Quer dizer que estar aberta é uma parte importante de ser feliz?

Ilona: Sim. Procure por modos diferentes de encontrar a felicidade se algo não estiver indo bem. Porém, não desista de imediato, como

HÁ MANEIRAS DIFERENTES DE SER FELIZ. SE UMA NÃO FUNCIONAR, TENTE OUTRA. EU NÃO ENTENDIA ISSO QUANDO JOVEM. NUNCA COMPREENDI QUE HAVIA VÁRIAS PORTAS NA VIDA.

ILONA ROYCE SMITHKIN

muitos fazem hoje em dia. E a comunicação aberta é importante também. Por exemplo, nos relacionamentos, muitas pessoas, na primeira desavença que enfrentam, dizem: "Tchauzinho, meu bem", sabe? Entretanto, você tem de resolver os problemas, e a melhor maneira é com a comunicação. Converse sobre eles, seja honesta sobre tudo, tente descobrir o que está errado, e então tente consertar. Não é uma rua de mão única. Quando se lida com outro ser humano — seja um professor, seja um amor, seja um sócio nos negócios —, aprendi que é preciso considerar que a outra pessoa tem seu próprio ponto de vista e que, muitas vezes, não será o mesmo que o seu! Contudo, o mais importante é chegar a um acordo. E, na vida, você precisa aprender a fazer acordos, a ceder. Não precisa ceder em tudo, mas, se ambas as partes cedem um pouco, você encontrará a paz.

Anna Arnold Hedgeman,

que defendeu por toda a vida as mudanças sociais, recebeu bem tarde na sua carreira uma plataforma para a sua voz que lhe permitiu deixar um legado poderoso e duradouro ao movimento dos direitos civis.

Anna nasceu em 1899 em Marshalltown, Iowa. Ela e a família eram os únicos afro-americanos da cidadezinha. A igreja metodista, a educação e a forte ética de trabalho foram os fundamentos da sua infância. Frequentou a Universidade Hamline, em Minnesota, tornando-se a primeira aluna afro-americana da instituição e se formando com um diploma em língua inglesa. Aceitou uma oportunidade para ensinar inglês na Faculdade Rust, uma escola historicamente para alunos negros no Mississipi, onde enfrentou pela primeira vez a segregação institucionalizada, o que lhe consolidou o compromisso de uma vida toda com o movimento dos direitos civis. Anna parou de ensinar para atuar como diretora da YWCA (*Young Women's Christian Association*, ou Associação Cristã de Mulheres Jovens), passando a viver em diferentes locais por toda a costa leste dos Estados Unidos. Casou-se com Merritt Hedgeman, intérprete de música popular afro-americana, em 1936.

Embora Anna sempre houvesse militado em prol dos direitos civis, foi entre seus quarenta e cinquenta anos que a sua carreira política se estabeleceu. Em 1948, foi contratada para a prestigiada posição de diretora executiva da campanha de reeleição do presidente Harry Truman e trabalhou para conectar o candidato aos eleitores afro-americanos. Em 1954, foi nomeada para o gabinete da prefeitura da cidade de Nova York, tornando-se não apenas a primeira mulher, mas a primeira pessoa afro-americana a ocupar essa posição. Como o movimento de direitos civis começou a ganhar força e atenção nacional no início da década de 1960, Anna se tornou uma líder respeitada, ajudando a organizar, em 1963, a Marcha sobre Washington por Trabalho e Liberdade. Em 1966, foi uma das cofundadoras da NOW (*National Organization of Women*, ou Organização Nacional de Mulheres). Ela continuou a defender os direitos civis por meio de palestras e livros até falecer em 1990, em Harlem, Nova York.

Debbie Millman é autora, educadora, estrategista de marcas, além de apresentadora e fundadora do primeiro e mais duradouro *podcast* sobre artes gráficas, *Design Matters* (que significa tanto "Questões de artes gráficas" quanto "Artes gráficas são importantes"). Quando era diretora de marketing da empresa Sterling Brands, trabalhou com clientes para desenvolver algumas das identidades e produtos de marca mais reconhecidos do mundo. É editora-chefe da revista *Print* e cofundadora do primeiro programa de pós-graduação em marcas na Escola de Artes Visuais de Nova York. Debbie é, ainda, presidente emérita do AIGA (*American Institute of Graphic Arts*, ou Instituto Norte-americano de Artes Gráficas) e uma das cinco mulheres em cem anos a exercer essa posição. Foi somente aos quarenta e tantos anos que começou a compreender e a desempenhar o seu potencial total na área. Aos 57 anos, Debbie continua a ser uma das líderes do mundo das artes gráficas, tanto em disciplina como em discurso. A revista *Graphic Design USA* a indicou como uma das artistas gráficas mais influentes da atualidade.

Lisa: Conte-nos sobre o início de sua carreira.

Debbie: Quando tinha uns vinte anos, não fazia ideia do que eu queria. Sabia que queria muito, mas fui muito pouco incentivada ou orientada naquela época, por isso me sentia bem inibida tanto em relação ao que eu era qualificada para fazer quanto ao que eu merecia ter. Não sentia que eu fosse inteligente ou eficiente ou bonita ou rica ou qualquer outra coisa o bastante para realizar muito. Na maioria das vezes, eu só deparava com as situações e aceitava o que me era oferecido, pois eu tinha medo de que nada mais viesse até mim. Assim, eu diria que os primeiros dez anos da minha carreira, durante os meus vinte e trinta anos, foram baseados em rejeição e fracasso, pois eu continuava tentando descobrir do que eu era capaz e o que eu sabia fazer. Foram dez anos muito difíceis e tumultuados. Eu me inscrevi num programa de pós-graduação em Jornalismo e não fui aceita, me inscrevi no Programa de Estudos Independentes do Museu Whitney de Arte Norte-americana e não fui aceita, e assim continuei meu caminho pelas artes gráficas.

Quando tinha uns trinta anos, de forma bem acidental, enquanto trabalhava num emprego em que me sentia bem infeliz, fui contatada por um caçador de talentos para trabalhar numa agência de *branding*. Me ofereceram a oportunidade de trabalhar em vendas e, embora eu não me visse como vendedora nem considerasse a possibilidade de uma carreira em vendas, pensei que seria uma oportunidade de sair da empresa onde estava. Eu também teria a chance de aprender sobre o mundo das marcas, pelo qual eu era fascinada. E foi o que fiz. Àquela altura, eu tinha uns 31 anos, e descobri que era muito boa em vendas. Eu entendia de maneira intrínseca o conceito e as motivações das organizações que queriam reformular as suas marcas na categoria de bens de consumo. Então, por acidente, descobri que era muito boa numa atividade em que eu nem sabia que havia uma possibilidade de ser boa.

Trabalhei nisso por dois anos, e então a agência se fundiu com outra empresa, e o trabalho se tornou muito desafiador sob o aspecto político. O meu chefe se demitiu, e o diretor criativo simplesmente foi embora, desencadeando um grande tumulto. Telefonei para outra caçadora de talentos e lhe perguntei se ela tinha algo que eu seria capaz de fazer. Ela pensou que eu poderia me dar bem numa pequena empresa principiante que havia acabado de sair da falência, chamada Sterling. Então ela me passou o contato do diretor executivo e nós nos encontramos para um almoço. Ele me explicou sobre como estava tentando reanimar a agência, e decidi que eu não tinha muito a perder. Isso foi em 1995. Eu tinha 33 anos.

Lisa: Aos 57 anos, você é uma estrela na sua área. Às vezes, presumimos que as pessoas que são estrelas da área em que atuam sempre foram estrelas, mas tanto eu quanto você sabemos que isso não é verdade.

Debbie: Não é. Levei dez anos após a faculdade para encontrar a minha trajetória profissional. E a partir de então, trabalhei o máximo possível para causar impacto. Eu gerenciava novos negócios, marketing e relações públicas. Trabalhei mais do que nunca e, por um período de tempo, desisti de muito dos meus projetos criativos não relacionados ao trabalho, como pintar, desenhar e escrever, que sempre haviam sido tão importantes para mim.

Lisa: Esse hiperfoco valeu mesmo a pena: três curtos anos depois de começar lá, você se tornou presidente da divisão de artes gráficas na Sterling. Àquela altura, alguns diriam que você alcançou o ápice do sucesso, mas, enquanto isso acontecia, você na verdade sentia que algo lhe faltava na vida. A sua carreira como a conhecemos hoje não havia começado ainda.

Debbie: Eu vinha me concentrando nesse único caminho na Sterling, e passei a sentir que tudo o que eu fazia era trabalho comercial — que eu não estava fazendo nada que fosse só artes gráficas, nada que fosse belo por si próprio.

Eu estava me esforçando muito para me envolver com o AIGA, e senti muita rejeição da parte deles. Então, em 2003, Armin Vit publicou um artigo sobre mim no blog *Speak Up* tentando desmerecer toda a minha carreira. O artigo zombava do meu trabalho e ridicularizava a mim e às identidades para as quais trabalhei — empresas como Burger King e Star Wars —, e basicamente me chamava de palhaça corporativa e mulher demoníaca.

Eu me senti devastada. Fiquei arrasada. Fui humilhada e desmoralizada. Eu não sabia se as pessoas na Sterling descobririam que alguém havia escrito sobre mim dessa maneira e se isso afetaria a empresa. Acabei escrevendo no fórum (o texto está *on-line* até hoje), tentado defender o tipo de trabalho que eu fazia, e a situação só piorou. Fui atacada ainda mais, mas fiz o possível para manter a classe e não permitir que me intimidassem, e também para não intimidar ninguém em represália. Mantive a minha posição e, algumas semanas mais tarde, Armin me escreveu e se desculpou, não por pensar que o meu trabalho era um cocô, nas palavras dele, algo no que ele me informou que ainda acreditava, mas pela maneira como fui atacada no site.

Nunca ouvi falar de blogs antes disso, e pensei que havia algo de muito interessante na ideia de conversar em tempo real com outros artistas plásticos, questionando-os, debatendo ideias e mantendo um diálogo. Eu lhe disse isso, e ele escreveu de volta perguntando se eu gostaria de escrever para o site. E eu logo concordei e comecei a escrever para o *Speak Up* naquele mesmo ano, e tudo depois disso rolou como uma avalanche. Até que um dos meus textos viralizou em 2004.

Lisa: Então você começou a escrever sobre artes gráficas. A sensação deve ter sido ótima para aquela parte de você que estava procurando por algo além do trabalho na Sterling.

Debbie: É verdade, e então, pouco tempo depois, recebi um telefonema de uma rádio *on-line* iniciante que queria que eu apresentasse um programa, mas logo compreendi que não pretendiam me pagar. Na verdade, eu teria de pagar a eles pelo tempo no ar, mas, àquela altura, como mencionei, eu estava mesmo ansiosa para realizar algo criativo que não tivesse relação com o meu trabalho em vendas. Tratava-se de ideias e diálogo, e assim transformei a ideia de escrever sobre artes gráficas em tempo real em falar sobre artes gráficas em tempo real. Fiz isso por cem episódios, começando em 2005, até 2009. Eu realizava cerca de 25 programas por ano, paguei para fazê-los o tempo todo, e me tornei cada vez melhor nisso. Eu não tinha nenhuma aspiração de ser apresentadora de rádio antes disso. O iTunes havia acabado de decolar, e pensei: "Ei, quem sabe eu coloco isso no iTunes?" E, por tabela, aquele se tornou o primeiro *podcast* sobre artes gráficas. Não havia *podcasts* sobre artes gráficas porque antes não existiam *podcasts*, por isso, tudo aconteceu de forma bem orgânica.

E aí, em 2009, Bill Drenttel me perguntou se eu estaria interessada em levar o programa para o website *Design Observer*, e montamos um estúdio de gravações. Comecei de fato a levar aquilo mais a sério.

Lisa: Então você recebeu um telefonema importante que levou a mais uma oportunidade fantástica.

Debbie: A equipe de escritores do *Speak Up*, como uma espécie de bando de desajustados, foi à conferência do AIGA em Vancouver, em 2003. No caminho para a conferência, conheci Joyce Kay, que, na época, era editora-chefe da revista *Print*, e lhe contei sobre o *Speak Up*. Ela veio a uma das nossas festas e me convidou para participar como palestrante de um tipo de evento ao vivo e improvisado que ela estava preparando como parte da Conferência HOW do ano seguinte, em 2004. Lá eu conheci o diretor de arte, jornalista, crítico, autor e editor Steve Heller, e o convidei para almoçar. Contei-lhe que estava interessada em escrever um livro e compartilhar as minhas ideias. Ele respondeu que considerava as minhas ideias horríveis e que eu

deveria continuar trabalhando e produzir ideias melhores. Quatro meses mais tarde, do nada, ele me indicou a um editor que lhe havia oferecido um contrato para um livro, uma oferta que ele recusou e sugeriu que fosse passada para mim, e foi assim que o meu primeiro livro e *best-seller*, How to Think Like a Graphic Designer ("Como pensar como um artista gráfico"), veio a existir. Steve também me pediu para criar com ele um programa de mestrado em marcas na Escola de Artes Visuais. Então, Emily Oberman me convidou para integrar a diretoria nova-iorquina do AIGA, em que atuei por dois anos; depois passei para a diretoria nacional; e aí fui convidada a assumir a presidência da organização inteira. Assim, consigo ligar cada mudança que ocorreu depois de 2003 àquele fórum do *Speak Up*. Cada uma delas.

Lisa: Essa é a história perfeita sobre como transformar limões em limonada.

Debbie: Não foi nem transformar limões em limonada. Foi transformar limões em torta de limão e merengue! Creio que tudo que vale a pena leva muito tempo e requer que se trabalhe apesar da rejeição e das críticas. É quase impossível ter uma carreira sem altos e baixos, e quanto mais tempo você leva para aprender com a experiência, mais tempo a sua carreira durará.

Lisa: Nos seus trinta anos e início dos quarenta, todos esses projetos fora da Sterling começaram a acontecer, como resultado da sua perseverança e coragem, enriquecendo e expandindo a sua carreira: a escrita, o *podcast*, o seu envolvimento inicial com o AIGA. Você também fez um curso de artes gráficas com o grande Milton Glaser, que a inspirou a pegar todas essas atividades e desenvolvê-las com intenção.

Debbie: É verdade, isso foi em 2005. Foi um intensivo de verão na Escola de Artes Visuais para artistas gráficos de nível médio e pessoas criativas que precisavam ou gostariam de reforçar a prática e a disciplina. A aula toda consistia em declarar o que você queria para a fase seguinte da vida. E assim fui à aula com a mente bem aberta e com o desejo de dar esse grande salto para o meu próximo capítulo. Um dos últimos exercícios do curso foi visualizar como você queria que a sua vida fosse, se você pudesse fazer tudo o que quisesses. Fiz essa lista de cerca de vinte itens que eu queria e que pareciam muito, muito distantes — sonhos colossais. E se examino essa lista hoje (faz 11 anos, e era um plano para os cinco anos seguintes), eu diria que entre 60% e 70% dela havia se realizado ao final de cinco anos; que 80% havia se realizado em dez anos; e a esta altura, é provável que 90%. E eram sonhos enormes — nada como: "Ah, eu gostaria de remodelar o meu banheiro." Eram itens como: "Quero repensar toda a minha vida; quero ensinar; quero ser parte do AIGA de uma forma significativa". Desse modo, passei de querer um envolvimento no AIGA a dirigir a organização nacional em quatro anos. Eu queria ensinar e, ao fim de cinco anos, eu estava no comando de um programa de pós-graduação.

Lisa: Muitas mulheres falam de se tornar mais confiantes com a idade, mas você sugere que, embora a autoconfiança seja importante, a coragem é mais importante. Fale sobre isso.

Debbie: Penso que a autoconfiança vem de um esforço repetido que continua a ir bem. Por isso, se você tenta algo e obtém o sucesso naquilo, você sente que, se o fizer de novo, terá sucesso outra vez. E o sucesso repetido gera a confiança. Penso que é, na verdade, mais importante ter coragem, pois você tende a ter mais medo de realizar o que nunca fez antes e no que não tem nenhuma experiência prévia de sucesso. A coragem é mais importante do que a autoconfiança porque ela o força a tentar desafios novos, a sair da zona de conforto.

Lisa: Você também diz que, a cada ano que envelhece, a sua vida se torna melhor.

Debbie: A minha autoestima era muito baixa nos meus primeiros trinta anos de vida e eu não acreditava que seria capaz de ter muito do que queria. Era muito, muito importante para mim que eu tentasse me encaixar. Se me fosse concedido só um pedido, que pelo menos eu me encaixasse. Eu pensava: "Pelo menos tenho um círculo de amigos com os quais posso contar". Quanto mais velha eu me tornava e quanto mais eu me tornava capaz de contar comigo mesma, mais eu percebia que conseguia tomar conta de mim mesma e ser autossuficiente. Comecei a ser menos temerosa em relação a ser quem sou de verdade. Além de me tornar mais corajosa na minha carreira, também me assumi como lésbica aos cinquenta anos de idade. E comecei a me sentir ainda mais aberta às possibilidades da vida.

Lisa: Que conselho você daria a mulheres mais velhas que talvez se sintam receosas ou travadas e que estejam pensando em ir atrás de uma paixão, sair do armário ou mudar a vida de uma forma significativa?

Debbie: Por causa da maneira como fui criada, eu tinha muito medo de me colocar numa situação em que me sentisse vulnerável. Se você estiver partindo desse lugar no seu coração, é muito, muito difícil realizar qualquer coisa que exija autoconfiança, coragem, resistência ou persistência em longo prazo. Creio que, se as pessoas querem realizar algo que têm medo de fazer, é provável que esse temor venha do sentimento de incapacidade.

Assim, o meu conselho é — e foi isso o que eu fiz — examinar por que você sente que não pode contar consigo mesma. Por que você sente que não é capaz de realizar algo que quer muito realizar? Qual é a atitude que está fundamentando essa crença? E, se você conseguir trabalhar esse fundamento da crença e o motivo pelo qual se sente desse modo, a partir daí você encontrará um impulso profundo para avançar. Muitas vezes, editamos o que é possível na nossa vida antes de sequer imaginarmos o que é possível. Começamos a censurar antes mesmo de sonharmos.

Lisa: Você entrou na última metade da sua vida e está prosperando de uma forma que não prosperou na primeira. O que vem a seguir para você? O que faz com que você saia da cama todos os dias?

Debbie: A possibilidade de que eu seja capaz de fazer qualquer coisa. Depois de ter enfrentado o fato de que tenho uma quantidade finita de tempo que me resta na vida, comecei a pensar: "Quero fazer tudo que for possível realizar". Na verdade, simplesmente não quero viver com tanto medo. Quero continuar a sentir que posso enfrentar seja o que for com a mente e o coração abertos, e dar o máximo de mim para não permitir que os meus temores e a minha mesquinhez ou preconceitos barrem o meu caminho.

AS PESSOAS tALVEZ
ACONtECE NA MeiA
"UMA CrISE". MAS
É Um DESVENDAMEN
EM QUE VOCÊ SENTE
DESESpERADO PARA
QUE QUER VIVER, NÃ
"DEVERIA" VIVER. O
UM pERÍODO EM QUE
PELO UNIVErSO A DE
AqUELA QUE VOCÊ
DEVERIA SeR E ABRA

chaMEM O QUE
-IDADE De
NÃO É ISSO.
TO — UM PERÍOdO
UM IMPUlSO
VIVER A VIDA
O AqueLA QUE VOCÊ
DESVENDAMENTO É
VOCÊ É DESAfIADA
IXAR PARA TráS
IMAGINA QUE
ÇAR QUeM VOCÊ É.

BRENÉ BROWN

Vovó Moses jamais havia pisado em um museu de arte quando pegou num pincel pela primeira vez, aos 76 anos, apesar de o seu estilo de pintura ser comparado mais tarde com o de Henri Rousseau e Bruegel, o Velho. Ela acabaria por se tornar uma das artistas mais conhecidas dos Estados Unidos, amada por suas representações primitivas da vida rural na fazenda.

Nascida como Anna Mary Robertson, em Greenwich, Nova York, no ano de 1860, ela recebeu apenas educação domiciliar antes de deixar o lar, aos 12 anos, para cuidar da casa de uma família da vizinhança. Trabalhou como empregada doméstica até se casar, aos 27 anos, com Thomas Salmon Moses. Mais tarde, o casal comprou uma fazenda e criou cinco filhos (outros cinco morreram na infância). Depois da morte do marido em 1927, ela continuou vivendo na fazenda, então administrada pelo filho, e se aposentou, passando a bordar, já que nunca ficou ociosa.

Aos 76 anos, a artrite havia começado a tornar a atividade do bordado dolorosa, e ela se voltou para a pintura, criando paisagens detalhadas da vida na fazenda com base em suas próprias lembranças. A "Vovó" Moses, como havia passado a ser conhecida, inscreveu sua obra (e também as compotas e geleias) na feira do condado, e as pinturas foram expostas na farmácia local, onde foram notadas e compradas por um colecionador de arte chamado Louis Caldor. Apesar de parecer improvável que, aos 79 anos, ela continuasse a produzir novas telas, Caldor conseguiu que galerias se interessassem por seu trabalho e, quatro anos depois de começar a pintar, ela teve a sua primeira exposição individual em 1940, aos 80 anos.

Graças a uma onda de interesse em artistas autodidatas que havia na época, a popularidade de Vovó Moses cresceu ao mesmo tempo em que ela trabalhava de forma prodigiosa — passando de cinco a seis horas por dia pintando numa velha mesa na cozinha. Com o seu característico coque alto, colarinho alto com babados e óculos com aro de metal, ela se tornou um personagem da cultura popular, aparecendo em revistas e na televisão, mas sem nunca mudar a sua visão pragmática e a atitude franca. Em suas palavras: "Se eu não tivesse começado a pintar, eu teria criado galinhas". Ela seguiu pintando por quase todos os dias até morrer, aos 101 anos, tendo criado mais de 1.500 telas.

Dara Torres é mais conhecida pelo seu retorno aos Jogos Olímpicos em 2008. Com 41 anos na época, foi a nadadora mais velha a conseguir uma vaga na equipe olímpica de natação norte-americana, conquistando medalhas em todos os eventos em que competiu: três medalhas de prata. Não foi uma proeza fácil, mas marcou o seu terceiro retorno à carreira de nadadora. Ela o havia feito duas vezes antes — a primeira, após uma pausa de dois anos antes das Olimpíadas de 1992, e depois, em 2000, aos 33 anos. Ela saiu com cinco medalhas naquele ano, mais uma vez, como a nadadora mais velha da equipe. Dara é a primeira e única atleta a nadar pelos Estados Unidos em cinco Olimpíadas, e é uma das raras atletas a ganhar medalhas em cinco Olimpíadas diferentes. Ela superou o seu próprio recorde norte-americano dos 50 metros em estilo livre dez vezes, mais do que qualquer outro norte-americano — um recorde que ela quebrou aos 40 anos, apenas 16 meses depois de dar à luz sua primeira filha. Desde que se aposentou, ela escreveu dois livros, incluindo *Age Is Just a Number: Achieve Your Dreams at Any Stage in Your Life* ("A idade é só um número: alcance os seus sonhos em qualquer estágio da vida"). Atualmente, Dara viaja pelos Estados Unidos dando palestras motivacionais.

Lisa: Durante a sua carreira na natação, você conquistou doze medalhas olímpicas, quebrou o seu próprio recorde dez vezes e mereceu tantos títulos por ser "a primeira", "a mais velha" ou "a única" que é difícil não perder a conta de todos eles. Em retrospecto, como você caracteriza a sua conquista mais significativa na natação?

Dara: Não creio que eu tenha só uma! Se você tivesse me perguntado isso quando eu era mais jovem, é provável que eu mencionasse uma medalha ou uma competição, mas hoje que sou mais velha, ao olhar para trás, não é bem isso. A jornada que percorri para chegar lá é o que é memorável para mim, além do que aprendi sobre mim mesma e do que me custou para que eu me tornasse a melhor que pudesse ser. Além disso, é provável que tentar equilibrar a maternidade e a busca dos meus sonhos e objetivos tenha sido a jornada mais recompensadora a caminho das Olimpíadas de 2008.

Lisa: É bem sabido que você teve não um, mas três retornos. O que, em especial, a inspirou a voltar e competir nos Jogos Olímpicos de 2008?

Dara: Há similaridades entre esses retornos, e penso que a principal é que eu sentia falta do esporte. Você é parte de algo por toda a vida e aí se afasta, e há uma parte de você que sente mesmo muitas saudades. Sei que, em particular, sentia falta de competir. Penso que, mesmo no meu primeiro retorno — eu completaria 25 anos em 1992 —, eu já era considerada velha demais para nadar. E eu disse a mim

mesma: "Tudo bem, estou mais velha agora, vamos lá!". Cada retorno estava relacionado à saudade do esporte, a amar o esporte, a me apaixonar de novo por ele depois de um tempo de afastamento e também, simplesmente, a tentar fazer algo que ninguém houvesse feito antes.

Lisa: Falando nisso, em ambos os Jogos, em particular em 2008, você era a nadadora mais velha da equipe olímpica, com 41 anos. Como foi isso para você, em termos do seu relacionamento com os outros nadadores?

Dara: Era diferente, porque tinha a mesma idade ou mais que os instrutores e treinadores. Eu me perguntava se eu seria como uma mãezona, ou uma tia, ou uma irmã mais velha. Onde eu me encaixaria? Mas havia tanta camaradagem na equipe que eu só enxergava as diferenças quando, por exemplo, ligávamos o rádio na caminhonete a caminho do treino e os outros queriam ouvir hip-hop e eu queria ouvir rock clássico, ou quando eu não conseguia realizar nove treinos por semana. Eu estava fazendo cinco treinos por semana, enquanto eles faziam bem mais, pois o meu corpo mais velho não era capaz de se recuperar. Quanto à comunidade e aos relacionamentos, não creio que me tratassem de maneira diferente. Pensei que, pelo contrário, eu poderia ajudar os mais jovens se tivessem perguntas. É uma sensação ótima a de tentar ser útil aos colegas que se mostravam tão nervosos, só de conversar com eles. Talvez eles não tivessem nadado bem, ou talvez tivessem nadado muito bem — quaisquer que fossem as circunstâncias —, era ótimo saber que eu poderia ajudar se precisassem de mim.

Lisa: Conte sobre como treinar e competir aos 40 anos foi diferente em termos físicos do que nos seus vinte e trinta.

Dara: Quando decidi voltar, a princípio, eu só estava treinando para me exercitar, pois eu estava grávida. Eu sofria com enjoos, mas queria me exercitar. E eu não queria que isso se tornasse uma desculpa, como: "Ah, não quero fazer ginástica porque estou grávida", então percebi: "Ei, espere, eu poderia ir a uma piscina — há uma calha ali. Se eu me sentir enjoada, posso vomitar na calha e continuar nadando". Essa era a minha mentalidade — nenhuma inclinação de competir de verdade. Acabei nadando no dia em que tive a minha filha.

Um dos meus instrutores me perguntou se eu queria nadar num evento que ocorreria três semanas depois de eu dar à luz, e respondi: "Deixe-me só checar com o meu médico". O médico concordou: "Muito bem, você pode ir". Então eu nadei e foi isso aí. Mais tarde, participei do Campeonato de Masters porque o meu namorado à época e pai da minha filha havia voltado a nadar depois de alguns anos parado, e eu quis ir também. Participamos, e, para minha surpresa, eu me qualifiquei para as eliminatórias olímpicas. Não era a minha intenção, mas as pessoas vieram até mim nesse evento de Masters, exclamando: "Precisamos de alguém com quarenta anos nas Olimpíadas!" E eu replicava: "Ótimo! Quem vai? Vamos torcer por ele". E elas me respondiam: "Você!".

Lisa: Então você foi.

Dara: Fui, e pensei que faria o mesmo de quando treinava aos 32 ou 33 anos, cumprindo o mesmo treinamento que os mais jovens, mas descobri bem rápido que eu não conseguia fazer treinamentos duplos. Não havia maneira de o meu corpo se recuperar desse esforço, e eu não era capaz de fazer o que eles faziam. Eu não conseguia percorrer as mesmas distâncias, e isso gerou um caos no meu cérebro. Eu disse a mim mesma: "Se não faço o que eles estão fazendo, ou mais do que estão fazendo, como vou competir no nível deles?" Era assim que a minha mentalidade funcionava — eu deveria fazer mais do que eles faziam, a fim de ser melhor.

Com o tempo, tive de aceitar que eu não faria o mesmo que eles. Precisava fazer o que era melhor para mim e para o meu corpo. Foi então que precisei mudar o meu modo de pensar depois de muitos anos de sempre fazer "algo mais" para ser a melhor. Muitas vezes, eu me vi chorando no sofá do meu treinador porque estava exausta e não conseguia me mover. Precisei garantir uma excelente comunicação com o meu treinador — para que ele entendesse que, se eu saísse do treino, era por sentir muitas dores.

Lisa: Você escreveu um *best-seller*, *Age is Just a Number*, e é uma especialista nesse assunto. Que conselho você daria a mulheres que estão interessadas em partir para uma iniciativa atlética ou querendo retornar a algo em que costumavam ser boas?

Dara: Creio que o principal seja não se comparar com quem você era quando jovem. Você não deve pensar, por exemplo: "Quando tinha 15 anos, eu conseguia nadar nesse tempo; por que não consigo nadar nesse tempo de novo?". E penso que você precisa muito escutar o seu corpo e não sentir que precisa fazer o mesmo que fazia quando jovem. Estabeleça novos objetivos para si mesma.

Lisa: Desde que se aposentou, em 2012, como a natação permaneceu parte da sua vida? Como é a sua vida de nadadora hoje em dia?

Dara: Nado uns dois dias por semana só para manter a forma. Nado na equipe de Masters de Harvard e me lembro que, no primeiro dia em que nadei, foram buscar o cronômetro, e eu avisei: "Escute, cansei de ter meu tempo medido. Cansei de ser rápida". Nado apenas no meu próprio ritmo. Faço isso por exercício. E sinto que sempre há alguém que entra na piscina só para competir comigo, mas eu apenas calço os meus pés de pato e sigo tranquila. Estou desfrutando da calma e da quietude da água e não sinto que precise competir sempre. Quero dizer, de vez em quando, vejo um cara do meu lado e penso: "Certo, quer ver quem chega primeiro? Vamos ver quem chega primeiro".

Katherine Johnson nutria uma paixão pela Matemática e uma curiosidade inabalável que a levou a enfrentar com determinação o racismo e o machismo em plena metade do século XX, a fim de, mais tarde na vida, encontrar o seu lugar entre os pioneiros norte-americanos da exploração espacial.

Katherine nasceu em 1918 na Virgínia Ocidental. O seu amor pelos números e pela Matemática era evidente desde a primeira infância. Mostrava-se ávida por frequentar a escola como os irmãos mais velhos, e logo os superou, sendo admitida no Ensino Médio aos dez anos e na faculdade aos 15. Numa época em que a maioria dos afro-americanos não recebia educação além da oitava série, as conquistas de Katherine foram impressionantes.

Na faculdade, ela se matriculou em todos os cursos disponíveis de Matemática e se tornou a primeira mulher afro-americana da sua escola de pós-graduação. As oportunidades de emprego em Matemática para mulheres eram quase inexistentes, por isso Katherine embarcou numa carreira como professora e, mais tarde, se casou e se tornou dona de casa, com três filhas. Quando o marido adoeceu com um tumor no cérebro, ela quis retornar ao mercado de trabalho. Um membro da família a avisou que o NACA (*National Advisory Committee for Aeronautics*, ou Comitê Nacional para Aconselhamento sobre Aeronáutica), entidade predecessora da NASA, estava procurando especificamente por mulheres afro-americanas para trabalhar como "computadores humanos" (as mulheres complementariam os cálculos dos engenheiros) no Laboratório Aeronáutico Langley, hoje conhecido como Centro Langley de Pesquisa.

Poucas semanas após a sua contratação, as habilidades e a assertividade de Katherine a tiraram da seção dos computadores e a colocaram nas reuniões com os engenheiros. Cinco anos mais tarde, aos quarenta anos, ela se tornou o único membro não branco e não masculino do Grupo de Tarefas Espaciais, um comitê dedicado a missões espaciais tripuladas.

Entre os quarenta e quase setenta anos de idade, Katherine foi parte essencial e integral da NASA. Entre os cálculos com que contribuiu estão a trajetória do primeiro norte-americano no espaço, a janela de lançamento para a missão Mercury e a trajetória do voo da *Apollo 11* até a Lua. Ela continua a ser um modelo para pessoas afrodescendentes no campo da ciência e, em 2015, aos 97 anos, foi condecorada com a Medalha Presidencial da Liberdade pelo então presidente dos Estados Unidos, Barack Obama.

VOCÊ ESTÁ COMIGO?
de
Chrissy Loader

Há coisas que jamais imaginei que ainda estaria fazendo a esta altura da vida. Para começar, namorando — ou usando biquínis; comendo burritos no café da manhã, no almoço e no jantar (ou querendo fazer isso); e indo a shows de rock. É claro, há também coisas que imaginei que deveria ter feito há muito tempo, mas que nunca tive a oportunidade. Tomar LSD, escrever o próximo grande romance norte-americano, encontrar o amor verdadeiro, procriar e participar de um *ménage à trois* num quarto de hotel em Paris. (Na verdade, não sou mesmo o tipo de garota que se mete em *ménages à trois*, mas não seria divertido?)

Verdade seja dita, se examino as minhas expectativas passadas em comparação com a realidade, a minha vida se transformou numa estranha inversão. Casei-me em torno dos vinte anos, e uma grande parte do meu tempo foi gasto assistindo à vida da lateral do campo... ou pelo menos dos bastidores de um palco, considerando que o meu marido, na época, participava de uma banda. Na faculdade, porém, eu nutria grandes sonhos — tudo que eu queria era ser escritora, atriz ou *alguma coisa*. Eu queria ser e fazer *tudo*. Entretanto, quando chegou a hora de viver, optei por não me arriscar. Eu me descobri, tanto no sentido literal como no figurativo, no banco de trás, sem nenhum desejo real, nem habilidade, de controlar para onde eu me encaminhava. E embora eu não me imagine usando alucinógenos no futuro, quanto mais velha me torno, mais riscos eu me vejo assumir.

Quando penso em como essa mudança ocorreu, não consigo deixar de marcar o tempo — e as minhas dificuldades — com muitos dos shows de rock aos quais assisti. Tem sido uma série de pequenos clubes, aberturas de shows inusitadas, filas sem fim para comprar bebidas e cervejas que, por fim, me levaram a esse ápice enlouquecido. Embora o programa de Casey Kasem houvesse inicialmente dominado o rádio do meu carro, meu verdadeiro amor pela música começou quando eu tinha 12 anos. Foi quando assisti ao meu primeiro concerto na Feira Estadual da Califórnia, onde eu trombei por acidente com Romeo Void. Ouvi o rosnado de Debora Iyall cantando: "Never — never say never!", e isso nos atraiu para além do carrossel, do jogo de argolas e das bancas de algodão-doce iluminadas em neon, até nos encontrarmos diante de uma legítima apresentação ao vivo, sem os nossos pais.

Aos 14 anos, vi os Thompson Twins na Universidade da Califórnia, em Davis. No ano seguinte, trajando um smoking de veludo, sapatos chineses e maquiagem de gueixa, postei-me diante do Freeborn Hall, na mesma universidade, lendo uma edição de bolso bem gasta de *Edie: An American Biography* ("Edie: uma biografia norte-americana"), enquanto aguardava para ver o The Cure se apresentar como parte da turnê *Head on the Door*. Nos bastidores, em algum momento entre beijar Robert Smith no rosto e beber uma garrafa inteira do espumante Cava Freixenet que eu tinha "emprestado" dos meus pais, conheci extraoficialmente o adolescente que mais tarde se tornaria meu marido — embora, oficialmente, não tenhamos nos conhecido por mais cinco anos.

Aos 16 anos, vi The Smiths na turnê *The Queen Is Dead* e, depois, Camper Van Beethoven, durante a era de *Our Beloved Revolutionary Sweetheart*, e o REM na turnê *Green*. Menciono esses espetáculos não para me gabar do meu bom gosto indiscutível, mas para explicar que eu pensava que sabia muito bem quem eu era na época, ou, pelo menos, do que eu gostava. Eu acreditava que The Smiths era a melhor banda do mundo e que algum dia eu realmente pagaria pelo empréstimo da garrafa de Freixenet.

Enquanto estudava língua inglesa e literatura norte-americana em Berkeley, e ainda repleta de possibilidades, vi Buffalo Tom na Berkeley Square. Naquele momento, olhei em volta por tempo o bastante para pensar comigo mesma: "Eu não vou andar com essa gente por muito tempo. Algum dia, vou me livrar da minha coleção de discos, das minhas camisetas de banda manchadas de cerveja e não vou me importar com as novidades do mundo da música. Farei o que gerações antes de mim fizeram — ficar em casa e escutar as canções dos velhos tempos.

No entanto, no último ano da faculdade, conheci oficialmente o meu hoje ex-marido, numa taberna em Sacramento. Ele estudava urbanismo e tocava numa "banda" que ele chamava de Pavement. Eu estava me formando em língua inglesa e pensava em me tornar artista, escritora ou atriz — certo, talvez até mesmo mímica — e viajar pelo mundo como uma louca, visitando lugares como Índia, Indonésia, Irlanda... e Indiana.

Escutamos Echo and the Bunnyman e Sun City Girls sem parar, bebemos gim e tônica e comemos pizza. Eu não sabia na época, mas, hoje, posso afirmar de maneira inequívoca que essa foi uma daquelas experiências do acaso que mudaram o curso da minha vida. Aquele urbanista se tornaria o meu primeiro namorado. E embora eu tenha viajado de trem pela Europa e escrito um bocado de poesia (bem) ruim no Café Intermezzo, na Telegraph Avenue, me vi em São Francisco, um ano após me formar, vendendo horrorosas camisetas na cor turquesa durante o primeiro show da banda Pavement na Costa Oeste dos Estados Unidos. Naquele momento, embora eu estivesse de pé sobre uma cadeira no fundo da pista, senti como se estivesse assistindo a um momento histórico. Eu estava encorajando o meu namorado, e sentia que o apoiaria e o ajudaria a manter tudo sob controle com a minha força de vontade. E deu certo. Havia uma energia incrível no ar. Algo estava *de fato* acontecendo. A banda cantou *Everything's ending here* ("Tudo termina aqui"), e a sensação era de que algo acabava de começar.

Não me matriculei na pós-graduação, nem ensinei inglês no Japão, nem trabalhei num jornal alternativo, nem mesmo me tornei mímica — pelo menos por enquanto. Em vez disso, passei os dez anos seguintes administrando as finanças da banda do meu namorado e respondendo aos fãs. Quando a banda tocava no Lollapalooza, eu ia de avião a lugares como Atlanta para buscar o dinheiro da venda de produtos da banda, enfiando-o num envelope da FedEx para o voo de volta a São Francisco, onde morávamos. Escrevi cartas para a World Wide Web para reservar o domínio "Pavement" e, por milagre, consegui essa proeza. Também realizei algumas atividades para mim mesma — como participar de algum curso ocasional de cinema ou preparar *lattes* num café local. No todo, porém, troquei de boa vontade os meus próprios sonhos pela chance de pegar carona nos de outra pessoa.

Levei tempo demais para perceber que eu precisava do meu próprio espetáculo, mas enfim percebi. E no verão, antes de ir para a pós-graduação em Seattle, me vi novamente assistindo ao meu então marido se apresentar com uma banda diferente. Dessa vez, eu era gerente de turnê, dirigindo uma caminhonete branca pela região meio-oeste dos Estados Unidos, enquanto o meu marido, nessa fase pós-Pavement, abria com uma apresentação solo o show da banda Wilco. Foi um período difícil e, em retrospecto, vejo que comecei a entender quem eu era bem quando o meu marido lamentava a perda da sua própria identidade.

A nova banda tocou em Evanston, Illinois, onde eu era uma das duas únicas pessoas na plateia. Era o tipo de apresentação devastadora, mesmo para quem está só assistindo. Eu queria erguer a banda e me esconder atrás da mesa de venda de produtos. No entanto, isso era algo que eu não tinha como controlar — nem a banda, nem o meu futuro imaginário. Eu havia pensado que, uma vez que Pavement chegasse ao fim, a minha vida "real" começaria. Contudo, tornou-se claro que não havia nenhuma vida real, era apenas aquilo mesmo.

Alguns meses antes de nos divorciarmos, mais ou menos na mesma época em que concluí a pós-graduação, duas coisas aconteceram. Ocorreu-me que eu queria retomar o meu nome de solteira. Eu nunca havia sentido uma conexão especial com o meu nome, mas, de repente, eu sentia saudades dele. Ao mesmo tempo, meu ex-marido parou de ouvir músicas novas. "Tudo soa muito parecido", reclamou ele. "Detesto todas as bandas novas." Ele começou a comprar coletâneas com músicas de Bruce Springsteen e Tom Petty e a catalogar de forma incessante a sua vasta coleção de discos. De minha parte, comecei *mesmo* a ouvir música. Li críticas musicais, aceitei recomendações e fui a shows sozinha.

Depois da pós-graduação, recém-solteira e morando sozinha pela primeira vez na vida, dei aulas de escrita criativa na Universidade de Washington e escrevi críticas de restaurantes para a revista *Stranger*. Acabei me mudando de volta para São Francisco e continuei a descobrir os meus próprios interesses. Compreendi que possuía a minha própria bússola interior que me guiava em direções que eu nem sabia que existiam.

Com o passar dos anos, ofereci festas insanas como se isso fosse um esporte, e viajei para o

Vietnã, Índia, Cuba e África. E sem me importar se alguém estava mesmo prestando atenção, escrevi artigos e contos e — em tempos mais recentes — realizei curtas-metragens com amigos.

Hoje, tenho 49 anos, e ainda vou a shows de rock. Digo, dane-se — por que eu desistiria disso? Talvez eu me torne uma velha decrépita de cabelos brancos, mas a verdade é que sei agora que não há limite de idade quando se trata de apreciar e criar arte e música. Não há nenhum ponto na vida em que precisemos desistir daquilo que amamos.

Recentemente, vi a banda Dungen tocar entre as sequoias, cercada por três casas e por suecos dançando com seus bebês. Vi Savages no auditório Fillmore; Black Mountain no Independent; e, graças à recomendação de um amigo, tenho escutado as canções de A Giant Dog sem parar. Mesmo que eu seja uma velhota, ainda gosto de dançar.

Algumas noites atrás, vi Cate Le Bon no espaço The Chapel. Encontrei amigos que eu não via há tempos, e o lugar estava lotado. Estiquei-me atrás de um cara extremamente alto, esforçando-me para ver o palco, e deparei com a adorável e envolvente guitarra de Cate, enquanto uma magia louca pairava no ar. Algo estava acontecendo — eu sabia! O meu coração se apertou e senti o ardor das lágrimas brotando dentro de mim. A música fez com que eu sentisse toda a minha angústia e a ascensão e queda da alegria e do desespero da vida. Deixei-me levar pelo vocal efervescente, que ressoou por mim enquanto ela cantava: *Are you with me now? AhAhAhAh!* ("Você está comigo agora?"). Senti que estava com ela, e com tudo, como nunca antes — talvez mais.

Chrissy Loader é acadêmica não atuante, escritora *freelance*, cineasta principiante e chefe de redação na Galeria Presidio, um parque nacional inovador próximo à ponte Golden Gate. Ela vive em São Francisco e está trabalhando no roteiro de um longa-metragem — uma comédia sobre uma banda caótica em turnê pelos Estados Unidos em torno de 1991.

Marguerite Duras tinha 70 anos quando publicou o seu primeiro *best-seller*, *O amante*, e conquistou o Prêmio Goncourt, o maior da literatura francesa. Sobrevivente de uma infância conturbada e de uma vida inteira de alcoolismo, ela apelou às suas próprias lembranças para criar o romance pelo qual seria aclamada.

Marguerite nasceu em 1914 em Saigon, no que, na época, era a Indochina Francesa, hoje Vietnã. Seus pais eram professores franceses. O pai morreu poucos anos mais tarde, deixando na pobreza seus filhos e sua esposa. Esta, por fim, conseguiu juntar dinheiro suficiente para comprar uma pequena fazenda, mas a infância de Marguerite foi marcada por dificuldades, pobreza e violência familiar. Quando adolescente, teve um relacionamento sexual com um chinês rico e mais velho, uma experiência que ela, mais tarde, transformaria na ficção *O amante*. "Muito cedo na minha vida se tornou tarde demais", ela escreveu.

Marguerite partiu para estudar em Sorbonne, na França, e acabou por se casar e ter um filho. Depois de estudar Ciências Políticas e Direito, ela se envolveu com o Partido Comunista e a resistência francesa durante a Segunda Guerra Mundial. Começou a escrever, aos trinta e tantos anos, romances, ensaios e roteiros com um foco intenso. O seu roteiro de *Hiroshima, meu amor* foi indicado ao Oscar em 1959, quando Marguerite tinha 45 anos de idade.

Ela sofreu com alcoolismo por toda a vida adulta. "A cada hora, um copo de vinho", ela admitiu mais tarde. Aos 68 anos, foi forçada à sobriedade quando recebeu o diagnóstico de cirrose hepática. Foi logo depois desse período desafiador de recuperação que Marguerite começou a escrever *O amante*. A despeito de cinco dias em coma, uma traqueostomia e outros desafios médicos, Marguerite continuou a trabalhar de forma ativa e publicou muitos outros romances antes de morrer, em 1996, aos 81 anos.

Betty Reid Soskin é a mais velha guarda florestal dos Estados Unidos. Aos 98 anos, ela trabalha na Frente Nacional Rosie the Riveter da Segunda Guerra Mundial, no Parque Histórico Nacional em Richmond, Califórnia, onde atua há mais de uma década. Residente na baía da Califórnia desde os seis anos de idade, Betty trabalhou primeiro como secretária do sindicato de caldeireiros, na era das leis de Jim Crow, durante a Segunda Guerra Mundial. Mais tarde, em meados da década de 1940, abriu a loja de discos Reid's Records, em Berkeley. Enfrentou o racismo e ameaças de morte por ser uma jovem dona de casa afro-americana num subúrbio de maioria branca, tornou-se ativista política na década de 1960, foi uma famosa compositora de canções em meio ao movimento dos direitos civis e serviu como representante na Assembleia Estadual da Califórnia — tudo isso antes de se empregar no Serviço Nacional de Parques. Betty é uma voz respeitada em defesa da preservação histórica da experiência afro-americana em tempos de guerra. Em 2010, a Faculdade de Artes da Califórnia concedeu-lhe um doutorado honorário. Em 2015, ela aceitou uma medalha presidencial comemorativa do então presidente dos Estados Unidos, Barack Obama, e, em 2016, recebeu o Medalhão de Prata por Serviço do Museu Nacional da Segunda Guerra Mundial.

Lisa: Você começou a sua carreira como guarda florestal há pouco mais de uma década, aos 85 anos. Como foi informada sobre esse cargo e o que a fez querer esse emprego?

Betty: Eu servia como representante na Assembleia Estadual da Califórnia quando o parque estava sendo criado no distrito que represento. Participei das reuniões de planejamento e, logo depois, me tornei uma espécie de consultora informal voluntária do Serviço Nacional de Parques, e isso evoluiu até que eu me tornasse uma guarda floresta contratada.

Lisa: Você precisou passar por algum treinamento especial para se tornar uma guarda florestal oficial?

Betty: De jeito nenhum [risos]. Trabalho muito além da minha capacidade. Realizo tarefas que nunca fui treinada para fazer.

Lisa: O que a mantém indo para o trabalho todos os dias?

Betty: Passei as primeiras oito décadas da minha vida colecionando pontos, e agora estou conectando os pontos. Estou no que presumo ser a minha década final e, sendo assim, tudo que já aprendi estou utilizando agora. Ainda tenho primeiras experiências aos 98. Sinto-me como uma pessoa em evolução numa nação em evolução num universo em evolução.

Lisa: E que tipo de tarefas você realiza no seu trabalho?

Betty: O meu trabalho consiste, na maior parte, em atividades junto à comunidade. Dou de três a cinco palestras por semana no meu teatro. Exibo um filme de orientação, que foi dedicado a esse parque. Cada parque nacional tem um filme de orientação, e o nosso é uma narrativa de 15 minutos, que trata da história do próprio parque Richmond. Ao final da exibição do filme, faço os meus comentários, o que dá cerca de uma hora de programa. A história é tão multifacetada — há tantas narrativas dentro da narrativa da frente nacional — que não é possível resumir tudo em 15 minutos de filme. E as narrativas feministas estão em conflito. Por isso, ofereço mais conteúdo sobre esse assunto e também falo sobre a complexidade dos tempos, incluindo a narrativa afro-americana.

Lisa: Você é celebrada como uma voz da preservação histórica da experiência dos afro-americanos em tempos de guerra. Como a sua própria experiência e a da sua família alimentam o que você discute com os visitantes do parque?

Betty: O parque havia sido inspirado pela história de Rousie, e, como sou uma mulher negra, eu não apreciava muito essa história, pois a considerava a história de uma mulher branca. As mulheres da minha família trabalharam fora de casa desde a escravidão. O que faço é assistir ao filme que foi criado para nós, que é, a propósito, um filme muito bom. Então, quando o filme termina, acrescento a essa narrativa a história das mulheres negras, que é a minha história.

A minha história foge do tradicional, pois, diferentemente da mulher branca que foi emancipada pelo papel de Rousie ao trabalho não tradicional, fui uma criança que cresceu na Costa Leste dos Estados Unidos, longe da hostilidade sulista. Isso significa que, em 1942 (eu tinha vinte e poucos anos), no início da guerra e da grande migração das culturas branca e negra vindas do sul, todo o sistema de segregação sulista veio com elas. Portanto, enquanto as mulheres brancas encontravam a libertação no papel de Rosie, eu, naquela época, descobria minhas limitações. Eu trabalhava num sindicato regido pelas leis de Jim Crow, pois os sindicatos não eram ainda integrados em termos raciais. E assim a minha história de vida acaba se tornando um tanto reveladora para as pessoas que não vivenciaram esse período.

Lisa: Como é compartilhar a sua história num palco, duas vezes por semana, com pessoas que, se não fosse por você, nunca ouviriam a perspectiva de uma mulher negra da sua idade?

Betty: Percebo que as pessoas se mostram abertas a escutar a história. Parte do que digo é admitir que o filme é desapontador para mim porque a minha realidade não está incluída. A minha história representa o que éramos como nação em 1942. O que faço é admitir que foi aqui que começamos, e aceitar onde começamos me leva ao quanto avançamos. E comparar 1942 com a atualidade (e não por fora do círculo, mas por dentro dele) é uma paisagem nova para o meu público. Fui secretária de um sindicato em 1942, e há 15 anos me tornei representante na Assembleia Estadual da Califórnia. O que significa que não se trata de um caso de conquista pessoal, mas, sim, das consideráveis mudanças sociais que ocorreram nesta nação durante todos esses anos. E é assim, portanto, que eu abordo a narrativa, colocando essa história no passado, mas trazendo as pessoas para o presente e o futuro.

Lisa: Qual é a sua mensagem sobre o futuro para as pessoas com quem você conversa?

Betty: Eu conto quem éramos em 1942, incluindo as limitações sob as quais vivíamos (a segregação e todo o resto), e que Henry Kaiser e a sua força de trabalho, composta por uma maioria de meeiros, concluíram 747 navios em três anos e oito meses bem aqui nos quatro parques dele na cidade de Richmond. E que, ao fazer isso, ele literalmente superou a produção do inimigo, ajudando a reverter o curso da guerra e trazer a paz.

Realizamos isso sob um sistema social com defeitos imensos, e a narrativa que conto ressalta esse sistema defeituoso. No entanto, o que faço a seguir é alertar que agora os nossos filhos e netos estão diante de uma nova ameaça — o aquecimento global, o aumento do nível dos oceanos e as mudanças climáticas —, e que eles vão precisar igualar ou superar a grande mobilização da década de 1940, que seria comparável à Grande Muralha da China ou à construção das pirâmides. Nas palavras do ex-presidente Franklin Roosevelt, essa mobilização é o grande "Arsenal da Democracia". Explico que eles terão de igualar e superar essa mesma mobilização a fim de salvar o planeta, e que farão isso sob um sistema social que ainda é defeituoso. Pois a natureza da democracia é que ela nunca permanece fixa — nunca houve a intenção de que fosse. Cada geração precisa recriar a democracia, e os 39% de participação na eleição norte-americana mais recente não são um bom presságio em relação à nossa habilidade de sustentar a nossa governança. O sistema de parques nacionais nos permite revisitar quase qualquer época de nossa história, os locais heroicos e os locais contemplativos, e as maravilhas paisagísticas, e os locais vergonhosos e os locais dolorosos, a fim de aceitarmos essa história e processá-la, para que consigamos, juntos, avançar para um futuro mais compassivo. E é esse, na verdade, o propósito dos parques em termos pessoais. Acredito que ajudar a produzir isso é quase como um Santo Graal — o fato de eu ser capaz de viver a minha última década ajudando a conscientizar o público, creio que seja uma dádiva.

Lisa: A sua mãe e avó viveram até os cem anos, é verdade?

Betty: É, sim, a minha avó viveu até os 102 anos, o que significa que eu tinha 27, e já era casada e com filhos quando ela morreu. E eu a conheci como a matriarca da família. E a minha mãe viveu até os 101. Nós três abrangemos todo o período desde Dred Scott — o escravo que, em 1857, processou sem sucesso a Suprema Corte para obter a liberdade — e a Guerra Civil em Orlando.

Lisa: É óbvio que você tem genes bons. Entretanto, há também algo no seu estilo de vida que explique a sua longevidade e entusiasmo pela vida?

Betty: Vivi a vida toda num estado total de surpresa. Não sou de planejar e ainda tenho experiências de realizar algo pela primeira vez. Ainda me pergunto o que vou fazer quando crescer.

Lisa: Recentemente, você refletiu no seu blog sobre o seu "novo normal" — a carreira tardia como guarda florestal e a atenção crescente do público. O que você pensa de toda essa agitação a seu respeito nesse estágio da vida?

Betty: Às vezes, não me sinto confortável, em parte porque é quase impossível de acreditar. É meio irreal. Perdi o anonimato e creio que ele sempre tenha sido parte da minha proteção. Não sei como me sinto sobre isso. Penso que, se isso houvesse acontecido mais cedo na vida, talvez tivesse sido mais fácil de me acostumar. É difícil levar isso a sério a esta altura. É difícil explicar o fato de que a fama se autoalimenta após algum tempo. Que ela cresce sozinha e, por isso, é suspeita. De certa maneira, penso que, se houvesse chegado vinte anos atrás, eu teria lidado melhor com ela. Agora, porém, é muito difícil levá-la a sério.

Lisa: Numa entrevista recente a Tavis Smiley, na emissora PBS, você declarou: "Não vivo no passado ou no futuro; a minha vida é agora". Estou curiosa: o que "viver no agora" significa para você?

Betty: Passei a vida toda como contemporânea dos tempos em que vivia. Trabalho hoje, aos 98 anos, num mundo que é muito, muito mais jovem do que eu. Não há guardas florestais idosos. Só me lembro da idade que tenho quando os ônibus de excursão chegam com pessoas de casas de repouso, e elas formam fila para entrar. Então me lembro de que aqueles são meus contemporâneos.

Lisa: E tenho certeza de que a maioria deles é mais jovem do que você!

Betty: Com certeza. Muitos deles são! Estou tão no presente, e sempre estive. E não sei como outros vivem as vidas deles, ou como a maneira como vivo se compara com a maneira como outras pessoas idosas vivem. Não me ressinto de envelhecer. Nunca escondi a minha idade. Nunca fiz nada para retardar o processo de envelhecimento. Entendo mesmo que esta é a minha última década, e isso me parece certo.

Lisa: Sabemos que, por causa da genética, da ciência e da tecnologia, as pessoas vão passar a viver por mais tempo, a viver vidas mais saudáveis, permanecerão na força de trabalho

EU TALVEZ OFEREÇA UMA ALTERNATIVA A UM SISTEMA QUE CULTUA A JUVENTUDE.

BETTY REID SOSKIN

por mais tempo e contribuirão de maneiras significativas. Para aquelas mulheres que são mais jovens do que você e que talvez se encontrem na sua situação de algum modo, saudáveis e capazes de contribuir com a sociedade, mas que não sabem ao certo se conseguem ou se deveriam, o que você diria a elas?

Betty: Penso que, como estou em boa forma física, como não estou cheia de *botox* e não me rendi a nenhum tipo de cirurgia plástica, como ainda trabalho cinco dias por semana e como ainda estou engajada por inteiro na vida — que eu talvez ofereça uma alternativa a um sistema que cultua a juventude. Talvez seja por isso que estou capturando a atenção dos *boomers* que passam pela possibilidade que você descreve. Viver por mais tempo e deixar a força de trabalho aos 65 anos não será mais algo prático. É possível que comecemos a pensar no envelhecimento de maneira diferente, e talvez eu seja uma precursora. Decerto não se trata de eu ser excepcional. Não creio que isso seja verdade. É que a vida ainda está se abrindo para mim. Nos últimos meses, tenho me sentado diante de um *laptop* na nossa sala de conferências e conduzido sessões com alunos do Ensino Médio num auditório em Eugene, no Oregon, via Skype. Farei isso de novo com a Exposição Anual de Flores da Filadélfia, participando de uma palestra com dois outros guardas florestais para todo o país. Quero dizer, é uma loucura! Nunca sei o que os dias ou as semanas trarão. Mal consigo esperar para ver.

Creio que há toda uma onda de pessoas que estão se aproximando dos setenta anos e que estão se perguntando se deveriam ou não pendurar as chuteiras, e penso que talvez o fato de eu ainda estar ativa esteja abrindo algumas portas para possibilidades que as pessoas talvez nem sonhassem.

Também imagino que envelhecer seja contagioso, mesmo para mim. Eu estava num treinamento no Grand Canyon algum tempo atrás, e a jovem recepcionista do Centro de Visitantes do Serviço Nacional de Parques me convidou para descer a montanha até Sedona. Eu estava curiosa a respeito dos vórtices espirituais e de como seria senti-los. Lembro-me de descer o cânion, de calças *jeans* e camiseta, num carro conversível com a capota abaixada; eu estava tão entusiasmada. Nós nos aproximamos do vórtice e vimos que havia alguns idosos descendo do primeiro patamar. Então ouvi a mulher dizendo: "Não há problema em subir até lá, mas, quando descer, você precisa se sentar no chão ou vai sentir tontura". E assim que ouvi isso, não consegui ir além, pois me tornei velha. Nunca cheguei ao vórtice. Imagino que, se eu não tivesse ouvido aquela conversa, eu teria seguido aos pulos todo o caminho até o topo.

AGRADECIMENTOS

Sou imensamente grata à enorme quantidade de pessoas que fizeram com que este livro ganhasse vida. Na realidade, foram tantos os que contribuíram que, de certa maneira, nem mesmo sinto que este livro seja todo meu. Antes de mais nada, eu gostaria de agradecer à minha assistente e administradora do estúdio, Kristin Wilson. Assim como com tudo em que toca, Kristin abraçou este projeto com puro entusiasmo. Trabalhou por horas incontáveis na pesquisa, edição, escrita, coleta de permissões, persuadindo e agendando pessoas — tudo com graça e organização fantásticas. Obrigada, Kristin, por tudo que é e por tudo que faz para apoiar os meus esforços criativos!

O meu enorme e sincero agradecimento também à minha querida editora na Chronicle Books, Bridget Watson Payne — assim como a todos da Chronicle Books —, por continuar acreditando em mim e em minhas ideias! Obrigada à minha agente literária, Stefanie Von Bortel, por seu apoio e bondade constante. Obrigada à minha irmã, Stephanie Congdon Barnes, que escreveu vários dos perfis e que me escutou e apoiou por horas intermináveis enquanto eu labutava sobre este livro. Um agradecimento coletivo gigantesco a todas as entrevistadas e ensaístas, que cederam não apenas o seu tempo e energia a este livro, mas também as suas histórias inspiradoras de perseverança e alegria. Por último, mas não menos importante, sou grata à minha companheira, Clay Lauren Walsh, por sua devoção infinita a mim e a tudo que tento realizar. O seu amor me dá asas.

BIBLIOGRAFIA

ABOUT Beatrice Wood. **Beatrice Wood Center for the Arts**. Disponível em: <http://www.beatricewood.com/biography.html>. Acesso em: 19 dez. 2019.

ABOUT Keiko. **Keiko Fukuda Judo Foundation**. Disponível em: <http://keikofukudajudofoundation.org>. Acesso em: 19 dez. 2019.

ADLER, Laure. **Marguerite Duras:** A Life. Chicago: University of Chicago Press, 1998.

ANNA Arnold Hedgeman Was a Force for Civil Rights. **African American Registry**. Disponível em: <https://aaregistry.org/story/anna-hedgeman-was-a-force-for-civil-rights/>. Acesso em: 19 dez. 2019.

ANNA Arnold Hedgeman (1899–1990). **BlackPast.org**. Disponível em: <http://www.blackpast.org/aah/hedgeman-anna-arnold-1899-1990>. Acesso em: 19 dez. 2019.

COOK, Joan. Anna Hedgeman Is Dead at 90; Aide to Mayor Wagner in 1950s. **The New York Times,** 26 jan. 1990. Disponível em: <http://www.nytimes.com/1990/01/26/obituaries/anna-hedgeman-is-dead-at-90-aide-to-mayor-wagner-in-1950-s.html>. Acesso em: 19 dez. 2019.

EVA Zeisel. **Design Within Reach**. Disponível em: <http://www.dwr.com/designer-eva-zeisel?lang=en_US>. Acesso em: 19 dez. 2019.

EVE, Debra. The Flowering of Mary Delany's Ingenious Mind. **LaterBloomer.com**. Disponível em: <http://www.laterbloomer.com/mary-granville-delany>. Acesso em: 19 dez. 2019.

FITCH, Noel Riley. **Appetite for Life:** The Biography of Julia Child. Nova York: Anchor, 2010.

FITZPATRICK, Tommye. Vera Wang Says Keep Your Feet on the Ground and Don't Get Ahead of Yourself. **Business of Fashion**, 30 abr. 2013. Disponível em: <http://www.businessoffashion.com/articles/first-person/first-person-vera-wang>. Acesso em: 19 dez. 2019.

GARAS, Leslie. The Life and Loves of Marguerite Duras. **The New York Times Magazine**, 20 out. 1991. Disponível em: <http://www.nytimes.com/1991/10/20/magazine/the-life-and-loves-of-marguerite-duras.html?pagewanted=all>. Acesso em: 19 dez. 2019.

GRANDMA Moses Is Dead at 101. **New York Times Obituary**, 14 dez 1961. Disponível em: <https://www.nytimes.com/1961/12/14/archives/grandma-moses-is-dead-at-101-primitive-artist-just-wore-out-grandma.html>. Acesso em: 19 dez. 2019.

HAMILTON, William. Eva Zeisel, Ceramic Artist and Designer, Dies at 105. **The New York Times**, 30 dez. 2011. Disponível em: <http://www.nytimes.com/2011/12/31/arts/design/eva-zeisel-ceramic-artist-and-designer-dies-at-105.html?_r=1>. Acesso em: 19 dez. 2019.

HELEN Gurley Brown. **Biography.com**. Disponível em: <http://www.biography.com/people/helen-gurley-brown-20929503#synopsis>. Acesso em: 19 dez. 2019.

HELEN Gurley Brown: American Writer. **Encyclopedia Britannica**. Disponível em: <http://www.britannica.com/biography/Helen-Gurley-Brown>. Acesso em: 19 dez. 2019.

JULIA! America's Favorite Chef: About Julia Child. **DVD**. Direção: Marilyn Mellowes. New York: Thirteen/WNET, 2005. Disponível em: <http://www.pbs.org/wnet/americanmasters/julia-child-about-julia-child/555/>. Acesso em: 19 dez. 2019.

KALLIR, Jane, et al. **Grandma Moses in the 21st Century**. New Haven, CT: Yale University Press, 2001.

KATHERINE Johnson: A Lifetime of Stem. **Nasa.gov**. Disponível em: <http://www.nasa.gov/audience/foreducators/a-lifetime-of-stem.html>. Acesso em: 19 dez. 2019.

KATHERINE Johnson: The Girl Who Loved to Count. **Nasa.gov**. Disponível em: <https://www.nasa.gov/feature/katherine-johnson-the-girl-who-loved-to-count>. Acesso em: 23 dez. 2019.

LANG, Olivia. "Every hour a glass of wine" — the female writers who drank. **The Guardian**, 13 jun. 2014. Disponível em: <http://www.theguardian.com/books/2014/jun/13/alcoholic-female-women-writers-marguerite-duras-jean-rhys>. Acesso em: 19 dez. 2019.

LAROCCA, Amy. Vera Wang's Second Honeymoon. **New York magazine**. Disponível em: <http://nymag.com/nymetro/news/people/features/15541/index1.html>. Acesso em: 19 dez. 2019.

LAURA Ingalls Biography. **Encyclopedia of World Biography**. Disponível em: <http://www.notablebiographies.com/We-Z/Wilder-Laura-Ingalls.html>. Acesso em: 19 dez. 2019.

LAURA Ingalls Wilder. **Biography.com**. Disponível em: <http://www.biography.com/people/laura-ingalls-wilder-9531246>. Acesso em: 19 dez. 2019.

LOUISE Bourgeois: French-American Sculptor. **The Art Story**. Disponível em: <http://www.theartstory.org/artist-bourgeois-louise.htm>. Acesso em: 19 dez. 2019.

LOUISE Bourgeois. **MOMA.org**. Disponível em: <http://www.moma.org/explore/collection/lb/about/biography>. Acesso em: 19 dez. 2019.

LOWRY, Dave. The Life of Keiko Fukuda, Last Surviving Student of Judo Founder Jigoro Kano. **Black Belt Magazine**, 12 fev. 2013. Disponível em: <https://blackbeltmag.com/arts/japanese-arts/the-life-of-keiko-fukuda-last-surviving-student-of-judo-founder-jigoro-kano>. Acesso em: 23 dez. 2019.

MARGUERITE Duras — Worn Out with Desire to Write. **Vídeo**. Direção: Alan Benson e Daniel Wiles. Nova York: Films Media Group, 1985.

MAY, Meredith. Keiko Fukuda – judo master – doc in 2012. **SF Gate**, 25 jul. 2011. Disponível em: <http://www.sfgate.com/entertainment/article/Keiko-Fukuda-judo-master-doc-in-2012-2353236.php>. Acesso em: 19 dez. 2019.

MCCULLOCH, Susan. A Shy Woman of Wild Colours. **The Sydney Morning Herald**, 8 abr. 2006. Disponível em: <http://www.smh.com.au/news/obituaries/a-shy-woman-of-wild-colours/2006/04/07/1143916714321.html>. Acesso em: 19 dez. 2019.

MILLER, Jo. Sister Madonna "Buder. Iron Nun," Is Oldest Woman to Ever Finish an Ironman Triathlon. **The Huffington Post**, 4 jul. 2014. Disponível em: <http://www.huffingtonpost.com/2014/07/04/iron-nun-triathlon_n_5558429.html>. Acesso em: 19 dez. 2019.

MINNIE Pwerle. **Aboriginal Art Directory**. Disponível em: <http://gallery.aboriginalartdirectory.com/aboriginal-art/minnie-pwerle/awelye-atnwengerrp-13.php>. Acesso em: 19 dez. 2019.

PEACOCK, Molly. **The Paper Garden:** An Artist Begins Her Life's Work at 72. Toronto: McClelland & Stewart, 2010.

REICHL, Ruth. Julia Child's Recipe for a Thoroughly Modern Marriage. **Smithsonian Magazine**, jun. 2012. Disponível em: <http://www.smithsonianmag.com/history/julia-childs-recipe-for-a-thoroughly-modern-marriage-86160745>. Acesso em: 19 dez. 2019.

ROSENBERG, Karen. A Shower of Tiny Petals in a Marriage of Art and Botany. **The New York Times**, 22 oct. 2009. Disponível em: <http://www.nytimes.com/2009/10/23/arts/design/23delany.html>. Acesso em: 19 dez. 2019.

RUSSETH, Andrew. "Don't Be Intimidated About Anything: Carmen Herrera at 100". **Art News**, 5 jun. 2015. Disponível em: <https://www.artnews.com/art-news/news/dont-be-intimidated-about-anything-carmen-herrera-at-100-4281/>. Acesso em: 23 dez. 2019.

SIMMONS-DUFFIN, Selena. "Cosmo" Editor Helen Gurley Brown Dies at 90. **NPR**. 13 ago. 2012. Disponível em: <http://www.npr.org/2012/08/13/158712834/cosmo-editor-helen-gurley-brown-dies-at-90>. Acesso em: 19 dez. 2019.

SISTER Madonna Buder, "The Iron Nun". **TriathlonInspires.com**. Disponível em: <http://www.triathloninspires.com/mbuderstory.html>. Acesso em: 19 dez. 2019.

SMITH, Robert. Beatrice Wood, 105, Potter and Mama of Dada, Is Dead. **The New York Times**, 14 mar. 1998.

SONTAG, Deborah. At 94, She's the Hot New Thing in Painting. **The New York Times**, 19 dez. 2009. Disponível em: <http://www.nytimes.com/2009/12/20/arts/design/20herrera.html>. Acesso em: 19 dez. 2019.

THE Spider's Web. **The New Yorker**, 4 fev. 2002. Disponível em: <http://www.newyorker.com/magazine/2002/02/04/the-spiders-web>. Acesso em: 19 dez. 2019.

VERA Wang. **Biography.com**. Disponível em: <http://www.biography.com/people/vera-wang-9542398>. Acesso em: 19 dez. 2019.

WHITNEY, A. K. The Black Female Mathematicians Who Sent Astronauts to Space. **Mental Floss**. Disponível em: <http://mentalfloss.com/article/71576/black-female-mathematicians-who-sent-astronauts-space>. Acesso em: 19 dez. 2019.

WHO Is Eva Zeisel? **EvaZeisel.org**. Disponível em: <http://www.evazeisel.org/who_is_eva_zeisel.html>. Acesso em: 19 dez. 2019.

WOOD, Beatrice. **I Shock Myself:** The Autobiography of Beatrice Wood. São Francisco: Chronicle Books, 2006.

YARDLEY, William. Keiko Fukuda, a Trailblazer in Judo, Dies at 99. **The New York Times**, 6 fev. 2013. Disponível em: <http://www.nytimes.com/2013/02/17/sports/keiko-fukuda-99-a-trailblazer-in-judo-is-dead.html?_r=0>. Acesso em: 19 dez. 2019.

CRÉDITOS

Página 7: "A idade me deu aquilo por que procurei pela vida inteira — me deu eu mesma. Deu-me tempo e experiência e fracassos e vitórias e amigos duradouros que me ajudaram a assumir a forma que me aguardava. Eu, agora, encaixo-me dentro de mim. Tenho, afinal, uma vida orgânica, não necessariamente aquela que as pessoas imaginavam para mim ou que tentaram fazer com que eu tivesse. Tenho a vida que eu desejava. Tornei-me a mulher que eu mal me atrevia a imaginar que viria a ser." — Anne Lamott

Página 14: Retrato de Beatrice Wood baseado numa fotografia tirada por Tony Cunha. Copyright © Beatrice Wood Center for the Arts.

Página 22: Retrato de Vera Wang baseado numa fotografia tirada por Christopher Peterson.

Página 28: Retrato de Louise Bourgeois baseado numa fotografia tirada por Chris Felver.

Página 40: Retrato de Keiko Fukuda baseado numa fotografia tirada por Arik-Quang V. Dao do Clube Budista de Judô de San Jose.

Páginas 60-61: "Estamos nos tornando mais velhas, e mais sábias, e mais livres. E ao obter a sabedoria e a verdade, você obtém a liberdade e o poder, e então — cuidado. Cuidado." Extraído de A Conversation with Melissa Etheridge ("Uma conversa com Melissa Etheridge"), de Marianne Schnall em Feminist.com. Utilizado com permissão da autora.

Página 74: "As flores não sabem que desabrocham tarde. É sempre a época certa para elas." — Debra Eve. Extraído do artigo What's Wrong with the Term 'Later Bloomer'? ("O que há de errado com a expressão 'desabrochar tarde'?") Laterbloomer.com. Utilizado com permissão da autora.

Página 82: Retrato da Irmã Madonna Buder baseado em fotografia tirada por J. Craig Sweat.

Página 94: Retrato de Carmen Herrera baseado em fotografia tirada por Adriana Lopez Sanfeliu.

Página 114: Retrato de Eva Zeisel baseado em fotografia tirada por Talisman Brolin.

Páginas 128-129: "As pessoas talvez chamem o que acontece na meia-idade de 'uma crise'. Mas não é isso. É um desvendamento — um período em que você sente um impulso desesperado para viver a vida que quer viver, não aquela que você 'deveria' viver. O desvendamento é um período em que você é desafiada pelo universo a deixar para trás aquela que você imagina que deveria ser e abraçar quem você é." — Brené Brown. Extraído de The Gifts of Imperfection: Let Go of Who You Think You're Supposed to Be and Embrace Who You Are ("Os dons da imperfeição: livre-se de quem você pensa que deveria ser e aceite quem é"), de Brené Brown. Utilizado com permissão da autora.